“二战”后加拿大社区学院发展研究

赵秦——著

河北大学出版社
·保定·

出 版 人：刘相美
责任编辑：何　东
特约编辑：赵彩霞
装帧设计：赵　谦
责任校对：李　易
责任印制：常　凯

图书在版编目（CIP）数据

“二战”后加拿大社区学院发展研究 / 赵秦著 . 保定 ：河北大学出版社，2025. 2. -- ISBN 978-7-5666-2341-6

Ⅰ. G649.711

中国国家版本馆 CIP 数据核字第 2025TZ4284 号

“二战”后加拿大社区学院发展研究
ERZHAN HOU JIANADA SHEQU XUEYUAN FAZHAN YANJIU

出版发行：河北大学出版社
地址：河北省保定市七一东路2666号　邮编：071000
电话：0312-5073003　0312-5073029
网址：www.hbdxcbs.com
邮箱：hbdxcbs@163.com
印　　刷：涿州市般润文化传播有限公司
幅面尺寸：170 mm × 240 mm
字　　数：170千字
印　　张：13.25
版　　次：2025年2月第1版
印　　次：2025年2月第1次印刷
书　　号：ISBN 978-7-5666-2341-6
定　　价：46.00 元

目　录

绪　论

一、选题缘由与研究意义

（一）选题缘由

加拿大的领土面积居世界第二，地域辽阔但人口稀少。英语和法语两种官方语言和多元文化的存在对加拿大高等教育的发展产生了重要影响。在历史上，加拿大高等教育的发展受到英国和美国的影响，但又发展出自身特色。与很多国家不同的是，加拿大没有全国性的教育体系，没有国家层面主管高等教育的政府部门，没有全国性的高等教育政策与高等教育质量评估体系和评价机制。尽管如此，加拿大高等教育的发达程度是世界所公认的。

加拿大的高等教育体系大体上包括传统四年制大学和社区学院这两个既相互联系又相互区别的组成部分。大学的历史比较悠久，社区学院则主要是“二战”后发展起来的。[①] 一般认为，“二战”之前加拿大高等教育主要是建立在英国模式基础之上，中学后教育事实上仅体现为大学教育。[②] 换句话说，此时的加拿大高等教育处于传统大学占据

---

① DENNISON J D. *The Canadian Community College in the Eighties—Strategies for Survival*[J]. Change Strategies,1982(8):28.

② GERGOR A D. *Higher Education in Canada*[M]. Ottawa:Minister of Supply and Services Canada,1992.

统治地位的时期。“二战”结束后到20世纪五六十年代，加拿大高等教育迎来了快速发展的黄金时期，20世纪50年代末出现的社区学院逐渐成为加拿大中学后教育的重要组成部分。

作为本文研究对象的加拿大社区学院，是“二战”后加拿大高等教育（或称中学后教育）的重要组成部分，主要招收意在参与就业技能培训或为大学学习做准备的学生，以培养为当地经济发展和劳动力市场所需人才为主要功能，学制多为两年。在发展过程中，加拿大社区学院由不向毕业生颁发学位证书逐渐转变为颁发副学士学位或学士学位证书。

“二战”后加拿大社区学院的出现和快速发展得益于加拿大战后经济腾飞、人口增长、移民潮、各类基础设施建设及高等教育大众化理念的驱动。① 为了应对这些变化，联邦及省级政府运用政府资金设立并支持社区学院，为经济发展提供必要的教育和技能培训。社区学院的出现和快速发展是对当时加拿大社会经济发展需求的呼应，并对后来的社会发展和高等教育发展产生了极为深远的影响。实际上，“二战”后加拿大高等教育的快速发展在很大程度上是由社区学院的发展促成的。因此，理解“二战”后加拿大高等教育发展的历史离不开对社区学院的全面、深入认识。但遗憾的是，至今国内以此为主题的学术专著极为罕见，针对“二战”后加拿大社区学院发展历程进行研究的成果寥寥无几，这也是本文开展此项研究的重要原因。

（二）研究意义

加拿大社区学院的发展演变，有其鲜明的脉络和成因，对加拿大高等教育体系及其职业教育体系完善的作用巨大，探索其发展历程，发掘其规律性，有助于丰富对加拿大高等教育史及外国短期高等教育

① BUSHBINDER H. *The Market Oriented University and the Changing Role of Knowledge*[J]. Higher Education,1993,26(3):331-347.

史的研究，进一步明确高等教育与高等职业教育的互动关系，以及高等职业教育对经济社会发展促进作用，具有重要的学术史建构意义；对我国目前正在进行的高等职业教育的改革发展及应用型大学转型有重要的参考和借鉴意义；同时，对于揭示我国高等教育与高等职业教育的互动关系，概括我国高等教育体系完备与建设对中国式现代化的促进和保障作用，具有重要的现实价值。

研究加拿大社区学院的发展能帮助我们加深对其高等教育体系的全面认识。加拿大社区学院发展历程独特性明显，其与经济社会发展以及高等教育的发展互动过程清晰，其自身由萌生到创办再到兴起以及最终发展成熟，客观规律性突出。如何通过资料查询与排列，借助大量案例，深入分析其内在规律，意义明显。另外，加拿大和美国都曾经是英国殖民地，而加拿大独立建国又比美国晚，所以借鉴美国制度、政策、经验在所难免，但是在加拿大社区学院发展进程中并非完全如此，甚至有的方面相去甚远。人们凭想当然猜测和假定，造成了对加拿大社区学院发展的误解误读，至少重视程度不够。这一纠偏的过程也反证了这项选题的意义。再有，国内外目前对加拿大高等教育的研究主要集中在大学等学位授予机构上，有一叶障目不见泰山之嫌。加拿大社区学院发展已经占据其高等教育半壁江山，而且其在经济社会发展和人才培养中的独特作用，更是日益明显，甚至不可替代。因此，无论是从加拿大社区学院自身发展规律来讲，还是从加拿大社区学院与经济社会发展的关系来讲，抑或是从加拿大社区学院与加拿大高等教育领域的改革与发展的良性互动关系来讲，我们都不可忽视对其创生与发展规律的探索与总结。这，就是选择加拿大社区学院发展历史作为研究对象的必要性。

研究加拿大社区学院的发展对探索我国地方应用型高等教育、职业技术院校、高等职业教育改革发展有重要意义。我国高等职业教育正处于改革与发展的关键阶段。习近平总书记对职业教育工作的重要指示、全国职业教育大会的胜利召开、中办国办《关于推动现代职业教育高质量发展的意见》① 的印发以及《中华人民共和国职业教育法》修订工作取得重要进展，对于高职高专发展产生了巨大的促进和保障作用，全社会接受高等职业教育的诉求和热情空前提高，我国高等职业教育改革与发展面临新发展阶段和新发展格局。

加拿大社区学院的发展历史照见了我们目前所要进行的高职高专教育、地方应用型高等教育等高等职业教育转型发展过程。我国职业教育体系具有后发性，无论是从层次结构调整上，还是从管理主体理顺上，抑或是从办学特色和质量上，都表现出与发达国家的差距，其中高等职业教育表现更加明显。高等职业教育体系建设存在着经济社会发展服务定位及高等教育体系定位不明确的问题。某种意义上讲，重理论轻技术、重学历轻技能现象严重，高等教育体系中的普职关系不顺现象明显，普通高等教育对高等职业教育挤压问题突出，两者人才培养层次分野明显，但是人才培养类型模糊。成绩差的学生才上职业高校，高等职业教育投资不够，师资队伍专业建设差，教育特色不足，专业发展、地区发展不均衡等问题不同程度地存在。虽然我国与加拿大在政治体制、教育管理等方面存在不同，但是处在发展之初的中国高等职业教育所遇到的问题却与加拿大社区学院创生与发展历程中遇到的问题具有可比性，甚至由于中国高等职业教育的后发性而迭代发生在我们的发展现实中。我国要实现高等职业教育的高质量发展，实现弯道超车，实现高等职业教育的现代化，形成良好的中国式高等教育发展生态，为中国特色社会主义现代化国家建设服务，就需要借鉴加拿大社区学院发展经验。一方面，提升高等职业教育办学层次，与普通中等教育、中等职业教育、普通高等教育有机衔接，错位发展；

---

① 陆宇正. 政策工具视角下我国现代职业教育高质量发展的政策研究——基于《关于推动现代职业教育高质量发展的意见》的文本分析［J］. 中国职业技术教育，2022（1）：12-18+27.

另一方面，进一步优化高等职业教育专业设置。加拿大社区学院紧密结合社区实际设置专业，为退役军人接受职业教育纾困，缓解其人口增加、移民潮、“二战”后的婴儿潮造成的高等教育入学压力，回应该国从精英教育向大众教育的高等教育理念转变，服务经济社会发展需要，而不是盲目追求学历教育，这一点值得我国研究借鉴。在我国，高等教育面临着扩张需求、就业压力增大、社会转型发展、高等教育普及化等社会变革情况。在这种情况下，高等教育在结构方面迫切需要调整，在质量方面迫切需要提高，在专业设置和服务供给方面迫切需要适应社会变革需求。可以说，高等职业教育发展的机遇与挑战并存。因此，以加拿大社区学院发展经验为镜，作为他山之石，助力我国高等职业教育改革与发展十分必要。再有，我国高等职业教育机构的人才培养模式、课程教学组织、教师队伍建设、教育质量、就业指导等办学要素和培养过程依然存在发展不充分和不平衡问题，需要研究和优化，改革重任依然艰巨。高等职业教育有着和普通高等教育不同的教育规律，虽然他们同属于高中后教育，表现在办学要素和教学环节以及价值追求等方面。这些都需要借鉴发达国家同类院校的教育教学经验，进一步赋能和引智，避免弯路，而加拿大社区学院在很多办学和教学领域的改革走在了世界前列，成为典范，是这些经验的重要来源，其发展历程与成功经验无疑具有极为重要的现实意义和参考价值，值得我们借鉴。这，亦是选择加拿大社区学院发展历程作为研究对象的重要性。

研究加拿大社区学院的发展有利于外国高等职业教育史学科建设。在外国高等教育史学科建设中，普通高等教育史更加显性，而高等职业教育史则相对属于隐性学科。从以加拿大高等教育发展和以短期大学、社区学院为对象的相关研究成果分析，两类研究中关涉加拿大社区学院的研究总量少、深度差、独立性不够。究其原因，一方面，在研究对象确立上，人们往往依据世界范围内科技竞争日益加剧的背景，以加拿大高等教育研究尤其是研究型大学的发展立题，从而掩盖了对其社区学院这种为经济发展提供应用型技术人才的高等教育机构的功能作用的关切；另一方面，对于加拿大社区学院缺乏深入了解，其在世界短期大学发展中的地位，被美国、日本、德国等国家所掩盖。这两种倾向相叠加，致使对加拿大社区学院的研究一定程度上成为盲区。尽管目前已有一些研究成果出现，但全面深刻透彻的研究成果很少，致使我们对社区学院在加拿大高等教育体系中的地位和作用等情况仍旧知之甚少，加上我们对加拿大高等教育体系的研究也存在相对不足，阻碍了我们对这样一个发达的高等教育体系组成部分进行完整准确的研判。加拿大社区学院产生发展历程的研究，不仅仅能够丰富外国高等职业教育史的研究内容，而且能够有助于拓展外国高等教育史视野，有助于厘清普通高等教育与职业高等教育发展的互动关系。

二、核心概念及研究分期界定

（一）核心概念的界定

1. 社区学院

社区学院属于短期高等教育范畴，学制比大学为短，一般2—3年，培养目标为中高级职业技术人才。经合组织（OECD）1973年对短期高等教育做出定义：具有强烈职业因素、一般在高等教育的非大学领域实施的持续时间比较短的中学后教育。按照2011年联合国教科文组织给出的国际教育标准，短期高等教育属于高等教育的第一阶段，是整个教育分级中的第五级。而社区学院与高等技术教育、技师或高级职业培训、副学位阶段教育等属于这一教育类型。[①] 在加拿大，社区学院是对其短期高等教育的普遍性称谓，尽管在不同的省份和不同的历

① 朱文富，何振海. 外国短期高等教育史［M］. 北京：人民出版社，2019.

史时期有些许差别。这类中学后教育机构的教育定位及其办学特征相对统一，所以本研究采用这一概念为其具名。一般来说，加拿大社区学院采取开放录取的方式接收中学毕业生，接受旨在就业的技能培训或者为进入大学学习的预备课程。在加拿大英语里，College 指的是技术或者应用文理学院，其共同特征是：一般由各省政府管理；具有公立性质；提供中学后教育；为当地经济发展和劳动力市场需求培养人才。社区学院给毕业生颁发学历证书、毕业证、副学士学位或学士学位。社区学院一般不设学生宿舍，学生就近入读，有的社区学院也安排学生住宿，有的社区学院和大学一样有自己的运动队。

2. 社区学院与大学的区别

社区学院与大学的办学层次和类型均有很大差别。在办学定位上，加拿大大学的传统使命是人文教育和学术研究，而不是技能培训。因此，大学很少关注有针对性地快速为经济发展提供普通技术人才。社区学院设立的目的就是服务当地社区和工商业发展。加拿大社区学院一般来说不颁授学位，而只给毕业生颁发文凭，除了与大学有合作关系的社区学院以外，但是即使这样的社区学院也只是给符合条件的学生颁发相应的学士学位，而且要经由省级的教育主管部门允许。在与政府之间的关系上，大学的自治决定了大学可以自主决定，较少受社区和政府的影响。与大学相比，社区学院在很多方面不具备大学所具备的自主和独立，更经常地受到政府和经济政策的影响。① 基于政策和财政资金的直接支持，政府对社区学院的控制要远高于对大学的控制。

---

① BRUNEAU W A，SAVAGE D C. *Counting out the Scholars：How Performance Indicators Undermine Universities and Colleges*[M]. Toronto：James Lorimer & Company Ltd，2002；HAYNES B. *Globalisation and its Consequences for Scholarship in Philosophy of Education*[J]. Educational Philosophy and Theory，2002，34（1）：103-114；LEVIN J. *The Revised Institution：The Community College Mission at the End of the Twentieth Century*[J]. Community College Review，2000，28(2)：1-26.

社区学院享有的学术自由要远低于大学享有的学术自由。① 从某种程度上来说，社区学院的身份定位经常在大学与职业技术培训机构之间摇摆不定。部分社区学院提供大学转学服务，会让人看起来这些社区学院更像是大学的一个基础性的组成部分，相当于大学在一定程度上扩大了边界。一个经常被问及但是无法得到准确答案的问题就是社区学院是按照大学的模式发展还是按照社区的需要发展。另外，社区学院的名字决定了这类高等教育机构无法像大学一样，必须考虑社区的需求。

3. 社区学院与职业技术学校的区别

“二战”前几年和“二战”后几年，正式和非正式的成人教育在加拿大发展迅速，② 职业技术学校大量出现。社区学院与职业技术学校的关系比较复杂，有些人则直接简单地把社区学院和职业技术学校混为一谈，从而导致对二者的区分似乎没有什么特别的意义。事实上，二者的区别还是很明显的，而且做这种区分对于理解社区学院这种高等教育机构的发展具有实际意义。职业技术学校不属于高等教育，它专注职业技术培训，与经济发展和就业直接相关，基本上属于中等技术教育或者初等技术教育范畴，甚至与学历教育无关，和成人技术培训、成人职业教育之教育功能具有相似性。而社区学院作为高等教育机构一个独立类型，其使命并非职业技术培训所能囊括的。从后来的发展来看，社区学院属于中学后教育，或者说高等职业教育范畴，它其中的一部分来自职业技术培训机构的改扩建和升级转型，而另一部分则属于省级政府利用联邦资金和筹款新建的高等职业教育机构，只不过和普通高等教育的性质、层次、类型有所不同。其学历层次明显，专

① LEVIN J S. *Globalizing the Community College*[M]. New York: Palgrave, 2001.

② SELMAN G R, DAMPIER P. *The Foundations of Adult Education in Canada*[M]. Toronto: Thompson Educational Publishing, 1991.

科教育是其主体层次，它是高等教育的一个重要组成。

从以上对于社区学院与大学和职业技术学院的联系与区别的简要分析来看，社区学院在加拿大高等教育体系中的定位始终是一个需要认真思考的问题。这也是本研究的一个挑战性难题，需要认真分析和重点关注。

（二）以“‘二战’后”作为研究阶段划分的原因

加拿大高等教育发展经历了几个重要的历史阶段。对加拿大高等教育发展历程进行分析能够透视出本研究为什么选取“二战”后作为研究社区学院的时间起点。同时，对加拿大高等教育发展历史的简单梳理也能让本研究的定位更加清晰。

1608 年，法国殖民者在魁北克建立了第一块殖民地。1760 年，魁北克学院（College de Quebec）设立，最初教授内容为宗教经典，后来逐步引入一些带有高等教育性质的课程。[①] 英国殖民者占领原来的法国殖民地后，在 1787 年的美国独立战争期间大规模逃到加拿大的忠于英国王室的人想尽办法强化英国的文化和传统。于是，1789 年第一个国王学院（King's College）在现在安大略省的温莎（Windsor）设立。1800 年，新不伦瑞克学院在现在的新不伦瑞克省的弗雷德里克顿市（Fredericton）设立。1821 年，在商人詹姆士·麦吉尔（James McGill）的资金支持下，麦吉尔学院（McGill College）在魁北克省的蒙特利尔（Montreal）成立。1827 年，英国国王给位于现在安大略省约克（York）的国王学院（King's College）颁发了皇家特许办学许可。1840 年后，一批附属于教会的学院设立，包括位于现在安大略省金士顿（Kingston）的皇后学院（Queen's College）和位于现在不列颠哥伦比亚省维多利亚（Victoria）的维多利亚学院（Victoria College）。直到 19

---

① AUDET L. *Society and Education in New France*[J]. Canadian Education: A History. Scarborough, Canada: Prentice Hill, 1970: 70-85.

世纪末，私立教会学院一直是加拿大高等教育机构的主要存在形式。位于约克的国王学院（King's College）在1849年摆脱教会控制，成为隶属于安大略省的多伦多大学（University of Toronto）。位于新不伦瑞克省的新不伦瑞克大学（University of New Brunswick）在1858年脱离教会控制，成为省属的公立大学。

加拿大联邦成立后高等教育得到了快速发展。1867年，安大略、魁北克、新不伦瑞克和新斯科舍4个英属殖民地签署了《英属北美法案》(British North America Act)，正式组建加拿大联邦。新成立的联邦设立了联邦和省两层政府架构，两级政府各自掌管属于自己的事务。省级政府负责教育事务，这种局面一直持续到“二战”结束后。联邦政府在高等教育发展方面很少插手，但是这并不意味着联邦政府在高等教育方面没有任何兴趣。例如，1874年联邦政府在安大略省的金士顿（Kingston）建立了皇家军事学院（Royal Military College）培养国防人才。国防属于联邦政府的管理范围，联邦政府建立军事学院的做法没有违反宪法关于教育事务的规定。① 再如，1916年联邦政府设立了国家科学和技术研究咨询委员会，该委员会后来更名为国家研究委员会，其设立的初衷是鼓励工业研究，但是后来迅速转入资助大学科研和支持大学生科技培训上。委员会认为对基础研究的投入是发展国家工业研究基础设施的必要途径。②

加拿大东部省份高等教育机构有公立大学、私立大学、教会大学和非教会大学等各种形式。这些高等教育机构和省政府之间的关系很有限也很模糊。就连被认为是接受政府资助的公立大学与政府的关系也是如此。省政府有时候发现自己经常陷入与教会大学在高等教育资

---

① CAMERON D M. *More than an Academic Question: Universities, Government and Public Policy in Canada*[M]. Halifax: Institute for Research on Public Policy, 1991.

② THISTLE M. *The Inner Ring: The Early History of the National Research Council of Canada*[M]. Toronto: University of Toronto Press, 1966.

助和管理上的纠纷。在处理和大学的关系上，政府一直在寻找一个合适安排。加拿大西部地区各省在考虑东部地区各省大学发展的基础上决定每个省只设立一所大学负责本省的学位教育。1877 年，曼尼托巴大学（University of Manitoba）成立；1906 年，阿尔伯塔大学（University of Alberta）成立；1907 年，萨斯喀彻温大学（University of Saskatchewan）成立。不列颠哥伦比亚 1871 年建省，但是不列颠哥伦比亚大学（University of British Columbia）直到 1908 年才成立。[①] “二战”前的加拿大大学奉行精英教育，规模一般都比较小，专注于教学而非研究。只有麦吉尔大学（McGill University）和多伦多大学（University of Toronto）在教学和研究方面都有相当的成就而成为美国大学联盟里仅存的两所外国大学。

“二战”后，加拿大公众对高等教育的认识发生了重大转变。在战争期间，即 1941—1945 年，大学入学率已经增长了将近 70%。这一增长趋势在战后得到了进一步的加速，特别是当联邦政府为帮助退役士兵融入战后社会，开始提供学费和生活费资助他们进入大学学习时。1945—1946 年，得益于联邦政府的资助，2 万名退役士兵进入大学学习，使大学入学率在这一时期增长了 46%。一年后，3.5 万名退役士兵进入大学学习。这种资助政策不仅解决了退役士兵的教育问题，还激发了其他社会群体对大学教育的需求。[②] 大学开始向联邦和省级政府要求资金资助来应对全社会对大学教育的需求。然而，对高等教育的管理毕竟属于省级政府的事权，联邦政府虽然认为加大资金资助符合当时的公共利益，但是也不得不认真研究合适的推进策略。最终，联邦政府对高等教育的资助从直接向大学拨款转变为向省级政府拨款，然

---

① HARRIS R S. *A History of Higher Education in Canada: 1663-1960*[M]. Toronto: University of Toronto Press, 1976.

② CAMERON D M. *More than an Academic Question: Universities, Government, and Public Policy in Canada*[M]. Halifax: Institute for Research on Public Policy, 1991.

后再由省级政府按照大学的需要直接拨款给各个大学。① 这就促成了“二战”后加拿大各省在高等教育发展的理念上，一方面还是坚持在大学数量和大学入学率上做文章；另一方面，也开始研究大学以外的高等教育形式。于是，增设大学以外的高等教育机构，以增加民众接受高等教育的机会和应对劳动力市场对技术工人的需求，补充大学教育之不足，成为各省共识和行动诱因，社区学院因此应运而生。20 世纪 60 年代中期到 70 年代早期是加拿大社区学院的形成时期，其间，各省分散的职业培训机构和成人教育机构开始合并发展。这些机构为后来社区学院的出现奠定了很好的场地和设备基础。这个时期的社区学院雏形为“二战”后出现的婴儿潮一代提供实用的技能培训，同时也为不断增加的外来移民提供技能培训。

出于应对本省特定需求的考虑，加拿大各省在大学之外高等教育机构的使命和作用的认识上存在很大的不同。不列颠哥伦比亚省和阿尔伯塔省按照美国模式设立了自己的社区学院，提供全面的职业教育和大学转学教育。学生在这些社区学院可以接受大学前两年的教育，方便日后转入省里的大学进行第三年的学习。安大略省开设了与大学平行的应用文理学院，提供全面的职业技能培训，包括一系列三年制的学习项目，但是不提供大学转学教育。在其他的一些省份，社区学院的作用仅仅限于提供短期的技能培训。魁北克省算是对本省高等教育体系改革最彻底的省份了。这种改革甚至被称为“安静的革命”(Quiet Revolution)。为了建立强大的公立教育体系，彻底摆脱天主教会主导高等教育的状态，1967 年，魁北克省改革了中学教育体系。学生上到 11 年级就结束中学学习，中学毕业后所有学生进入叫作普通与

---

① JONES G A. *Governments, Governance, and Canadian Universities*[M]//SMART J C. Higher Education: Handbook of Theory and Research. New York: Agathon Press, 1996: 337-371.

职业教育学院（Colleges D'enseignement General Et Professional，CEGEP）的社区学院学习。CEGEP 提供职业技术培训项目和两年制的大学转学项目。到 20 世纪 70 年代，加拿大各省都基本建立了符合自身发展需要的高等教育体系。每个省的高等教育体系都包括大学和非大学两个部分，非大学的部分一般都称作学院，具体的名字各省有分别。各省政府对大学和学院实施不同的管理，除了财政资助方面外，政府基本上不干涉大学的自治。与大学不同，政府把学院视为执行政府公共政策的工具。因此，政府对学院的管理要比大学严格，在某些省份，社区学院由政府负责教育的部门直接管理。[①] 期间，加拿大高等教育已经基本完成从精英教育向大众教育的转型。

进入 20 世纪 90 年代后，加拿大各省的大学和社区学院普遍经历了联邦政府和省政府财政紧缩带来的资金压力。为了缓解这种压力，各省的大学和社区学院普遍采取了调整学费的应对措施。联邦和各省级政府也采取了信贷和税收等措施帮助学生和家长减轻接受高等教育带来的经济压力。[②] 目前，加拿大共有各类公立和私立大学 163 所，各类社区学院和类似机构 183 所。大学的定位基本上都是学位教育和科学研究，但是社区学院和类似的教育机构的任务和作用在省与省之间有着很大的分别。魁北克省的 CEGEP 提供大学转学教育和职业技能教育，学生必须在 CEGEP 完成两年的大学转学教育才能升入大学。这也就解释了魁北克省社区学院的入学率高于其他省的原因。由于社区学院以教学和培训为主，社区学院的教师一般不承担科研任务，而他们要比

---

① DENNISON J D, GALLAGHER P. *Canada's Community Colleges: A Critical Analysis*[M]. Vancouver: University of British Columbia Press, 1986.

② JONES G A, YOUNG S J. "*Madly off in all Directions*": *Higher Education, Marketisation, and Canadian Federalism*[M]//TEIXEIRA P, JONGBLOED B, DILL D, AMARAl A. Markets in Higher Education: Rhetoric or Reality? Dordrecht, The Netherlands: Kluwer Academic Publishers, 2004: 185-205.

大学的教师教学任务更重。社区学院的教师流动性比较强，大学的教师职位比较稳定。

从上面对加拿大高等教育发展阶段的简单回顾可以看出，加拿大社区学院的产生源于“二战”之后，高等教育的规模不足和类型不够是其直接动因。退役军人入学需求及其所带动的高等教育入学高峰是其第一个背景性原因；经济社会发展，特别是工业化进程加快对人才需求的规模增大、质量提高和适应性增强是其第二个背景性原因，联邦政府和省级政府在高等教育管理上的博弈，为高等职业教育发展与跃迁提供了弹性政策空间是其第三个背景性原因；当然，国际工业化进程加快以及美国等高等教育改革示范等等也对加拿大社区学院产生发展起到了重要促进作用。总之，加拿大社区学院在其整个高等教育体系里出现的历史节点清晰，具有历史必然性。这种大学之外的高等教育形式与大学互相补充，成为加拿大高等教育体系的有机组成部分。所以，本研究选择“二战”后为加拿大社区学院发展研究的起点，并按其发展历程分为初创、勃兴、调整和转型 4 个发展阶段进行论述和阐发。

三、国内外研究现状

尽管加拿大社区学院历经半个多世纪的发展演变已经成为其高等教育体系的重要组成部分，但在很长时期里，国内高等教育史学界并没有将之当作研究的重点和热点。国外在此方面的研究成果还比较丰富，为本研究的开展提供了宝贵的资料基础。

（一）国内研究现状

对国内研究成果的整理主要来自笔者对于图书馆电子资源和纸质图书文献的搜集和阅读。笔者查阅了国家图书馆、主要研究型大学的图书馆和中国知网等网络数据库资料，对与社区学院相关的文献进行了以下几方面分析。事实上，直接研究加拿大社区学院的文献并不是很多，很多文献都是研究加拿大高等教育发展的问题。所以，这里将直接和间接研究社区学院的文献都作为国内研究成果来进行分析，按照研究领域的相关性进行分类。

1. 加拿大社区学院研究

最早向国内介绍加拿大社区学院发展的学者是原国家教委职业技术教育中心研究所的曾子达。曾子达根据自己在加拿大访学时对社区学院的实地探访形成了最早介绍加拿大社区学院发展情况的著述。发表于 1994 年的《社区学院在加拿大教育体系中的地位与作用》一文从 5 个方面分析了社区学院的重要功用：第一，社区学院是高等教育的重要组成部分；第二，社区学院主要承担职业技术教育的任务；第三，社区学院是社区教育的中心；第四，社区学院在实现高等教育大众化、民主化中起着重要作用；第五，在加拿大，社区学院的兴起是一种创新。① 这一开创性的研究成果直到现今还具有重要的参考价值。同年，曾子达发表的《加拿大社区学院的管理》一文，从联邦政府、省级政府、社区学院内部以及教育经费管理等 4 个方面分析了社区学院与政府的关系。② 1998 年，他在《加拿大教育工作者对联邦政府的新预算感到高兴》的通讯报道中介绍了联邦政府对社区学院增加拨款的情况。③ 除了上述期刊文献，曾子达还出版了系统论述加拿大社区学院发展状况的专著《加拿大社区学院》，该书基于实地考察经历写就，为全面认识加拿大社区学院提供了丰富的线索资料。④

---

① 曾子达. 社区学院在加拿大教育体系中的地位与作用 [J]. 中国高教研究，1994 (3)：87-91.

② 曾子达. 加拿大社区学院的管理 [J]. 职教论坛，1994 (11)：38-39+43.

③ 曾子达. 加拿大教育工作者对联邦政府的新预算感到高兴 [J]. 世界教育信息，1998 (9)：33-34.

④ 曾子达. 加拿大社区学院 [M]. 北京：北京大学出版社，1994.

2. 加拿大高等教育研究

对于加拿大社区学院发展历程的研究不能脱离加拿大高等教育发展的历史。李钟善的专著《加拿大教育研究》是较早介绍加拿大高等教育的著作。[①] 该书对社区学院略有提及，但未展开论述。侯建国也是较早从高等教育层面对加拿大社区学院发展展开研究的学者，对加拿大社区学院的研究是基于对加拿大高等教育的整体观察，但其有关论著中并未对社区学院的发展进行专题分析。[②] 张晓莉、饶从满撰文指出21世纪以来加拿大社区学院获得了有限的学位授予权，这有效提升了社区学院在促进高等教育公平方面的形象和作用。[③] 张睦楚对在加拿大安大略省高等教育大众化经验的研究中，特别强调了大量应用文理学院和职业培训学院等社区学院对安大略省提高高等教育入学率的贡献。[④] 滕大春《外国教育通史》（第六卷）中对加拿大社区学院有所提及。[⑤] 贺国庆在《西方大学改革史略》中对加拿大高等教育发展历程做了简短回顾。[⑥]

3. 加拿大短期高等教育研究

有学者按照学生接受高等教育的时限对高等教育的形式进行划分，将少于本科教育时限的高等教育形式称为短期高等教育。作为短期高等教育的一种重要形式，加拿大社区学院受到了重视。朱文富、何振海等著《外国短期高等教育史》一书，开辟专章对加拿大社区学院的

---

① 李钟善. 加拿大教育研究［M］. 西安：陕西师范大学出版社，1992.

② 侯建国. 二战后加拿大高等教育改革与发展的经验和教训［J］. 外国教育研究，2005（5）：50-53.

③ 张晓莉，饶从满. 21世纪加拿大推进高等教育公平的宏观制度变革［J］. 高等教育研究，2019，40（1）：93-102.

④ 张睦楚. 高等教育大众化的加拿大经验及启示——以安大略省为例［J］. 云南师范大学学报（哲学社会科学版），2017，49（4）：109-117.

⑤ 滕大春. 外国教育通史：第六卷［M］. 济南：山东教育出版社，1994.

⑥ 贺国庆. 西方大学改革史略［M］. 石家庄：河北教育出版社，2011：240-302.

发展历史进行梳理，并做了较为详尽的分析。[①] 朱文富、姜雪在《发达国家的短期高等教育：历史变迁、实践价值及其借鉴》中谈及加拿大短期高等教育机构在20世纪后半期得到迅猛发展，但该文的主要关注点在美国，未对加拿大社区学院这种短期高等教育形式展开论述。[②]

4. 加拿大成人教育研究

我国学者对加拿大社区学院在成人教育中的作用关注较早。韩永宽在《加拿大不列颠哥伦比亚省是如何管理成人教育的》一文中较早介绍了省级政府管理社区学院成人教育的情况。[③] 高峰在《加拿大成人高等职业教育的新发展》一文中强调了加拿大以社区学院为依托发展成人高等职业教育的特色。[④] 张成涛、陈鹏在《加拿大成人职业教育的递演历程》中说明了以公立社区学院为主体的高等教育机构在成人高等教育发展中的重要作用。[⑤]

5. 加拿大职业教育研究

我国学者研究加拿大职业教育的成果相对丰富，但其中涉及加拿大社区学院职业教育活动的成果并不多。我国驻加拿大使馆教育处在一篇介绍加拿大行业协会对职业教育的指导作用的文章中，从3个方面介绍了行业协会与职业教育学院联合开展培训项目的情况：第一，行业协会支持职业学院更新教学内容；第二，行业协会促成各省的职业技术学院互认学分；第三，将行业协会的专业资格证书制度与职业院

---

① 朱文富，何振海. 外国短期高等教育史 [M]. 北京：人民出版社，2019.

② 朱文富，姜雪. 发达国家的短期高等教育：历史变迁、实践价值及其借鉴 [J]. 中国高教研究，2018 (11)：45-51.

③ 韩永宽. 加拿大不列颠哥伦比亚省是如何管理成人教育的 [J]. 北京成人教育，1992 (9)：28-30.

④ 高峰. 加拿大成人高等职业教育的新发展 [J]. 吉林教育科学（高教研究），1995 (5)：69-70.

⑤ 张成涛，陈鹏. 加拿大成人职业教育的递演历程 [J]. 中国职业技术教育，2011 (9)：81-86.

校的专业课程相结合。[①] 黄日强在《行业协会在加拿大社区学院职业教育中的作用》一文中介绍了行业协会与社区学院在提供职业教育方面的互动关系，[②] 又在《加拿大企业参与社区学院职业教育研究》中介绍了企业参与社区学院教学的动机、具体形式及相关政策保障措施。[③] 张宁东和蓝洁在《加拿大社区学院少数族裔职业教育的实践及启示——基于阿尔伯塔省河谷学院的考察》一文中对阿尔伯塔省河谷学校为少数民族开设的专业教育做了详尽阐述。[④] 王成荣在《加拿大社区学院职业教育的特点与启示》一文中概括介绍了社区学院开展职业教育的情况，[⑤] 吉莉莉的硕士论文以乔治布朗学院为个案研究社区学院如何开展职业教育，论文的侧重点在于社区学院开展职业教育的情况。[⑥] 邓泽民在《加拿大终身学习理念下职业教育与培训体系构建及启示》一文中介绍了安大略省社区学院提供职业教育的情况，[⑦] 该文是相关文献中比较详细介绍安大略省社区学院发展情况的研究成果。廖益和 Patrick He 在《加拿大高等职业教育有效衔接机制研究》一文中介绍了社区学院在职业教育方面为学生提供的与升学和就业相关的，与其他高等教育

---

① 驻加拿大使馆教育处．加拿大职业技术教育中行业协会的指导作用［J］．世界教育信息，2000（8）：32-33.

② 黄日强．行业协会在加拿大社区学院职业教育中的作用［J］．东华理工大学学报（社会科学版），2012，31（1）：52-57.

③ 黄日强．加拿大企业参与社区学院职业教育研究［J］．安徽商贸职业技术学院学报，2012，11（3）：57-61.

④ 张宁东，蓝洁．加拿大社区学院少数族裔职业教育的实践及启示——基于阿尔伯塔省河谷学院的考察［J］．职业技术教育，2013，34（14）：75-79.

⑤ 王成荣．加拿大社区学院职业教育的特点与启示［J］．北京财贸职业学院学报，2013，29（1）：4-7＋18.

⑥ 吉莉莉．加拿大社区学院高等职业技术教育研究——以乔治布朗学院（George Brown College of Applied Art and Technology）为个案［D］．北京：中央民族大学，2007.

⑦ 邓泽民．加拿大终身学习理念下职业教育与培训体系构建及启示［J］．职教论坛，2019（1）：155-160.

机构和就业机构衔接的安排。① 李岩、王亚萍在《加拿大职业教育质量管理及对我国的启示》一文中介绍了加拿大职业教育机构的教学质量管理经验以及对我国的启示。②

6. 加拿大中学后教育研究

在加拿大，中学后教育机构一般包含大学和社区学院两大层次。大学和社区学院从政府及其他渠道获得办学资金的资助，政府的资金来源与经济发展程度、财政政策有关，在一定时期内会有所变动。目力所及，现有文献对加拿大中学后教育的关注只体现在20世纪90年代发表的几篇文章之中。高志敏在《加拿大中学后教育发展的若干趋势》一文中从内部发展和外部环境两个方面总结了加拿大社区学院在中学后教育体系中若干引人注目的发展趋势。③ 柴旭东在《加拿大政府1991—92财政年度对中学后教育资助的分析》一文中具体阐述了在特定财政年度加拿大联邦政府和省级政府对包括社区学院在内的中学后教育的财政资助情况。④ 杨希文、周海涛在《加拿大中学后教育发展特点及其启示》一文中主要论及加拿大中学后教育的若干发展趋势，该文对加拿大中学后教育体系的总结和概括，对把握加拿大高等教育的基本状况很有帮助。⑤

（二）国外研究现状

本研究的国外研究文献主要包括学术论文及学术著作。另外，由

---

① 廖益，Patrick He. 加拿大高等职业教育有效衔接机制研究［J］. 中国高教研究，2017（6）：95-99.

② 李岩，王亚萍. 加拿大职业教育质量管理及对我国的启示［J］. 中国职业技术教育，2015（27）：46-50.

③ 高志敏. 加拿大中学后教育发展的若干趋势［J］. 外国教育动态，1990（4）：13-16.

④ 柴旭东. 加拿大政府1991—92财政年度对中学后教育资助的分析［J］. 高教与经济，1995（1）：57-61.

⑤ 杨希文，周海涛. 加拿大中学后教育发展特点及其启示［J］. 陕西教育学院学报，1998（4）：20-24.

于加拿大社区学院是由省级政府教育行政部门主管的高等教育机构，各省政府教育部门网站提供了很多关于社区学院的资料。此外，很多社区学院的网站也提供了自身发展的历史资料，研究中也进行了甄别和引用。但在这里，仅就论著和论文等学术研究成果进行梳理和呈现。

在对加拿大社区学院的历史发展与一般特征、功用、社会影响进行的研究中，戈登·坎贝尔（Gordon Campbell）的著作《加拿大社区学院》（*Community Colleges in Canada*）① 是最早研究加拿大社区学院的学术专著，但由于发行时间较短，在国内并未受到足够的重视。斯科特·威廉·施（Scott W. See）所著的《加拿大历史》（*The History of Canada*）② 系统地叙述了加拿大自古至今的文明发展史，展现了加拿大原住民古代社会的面貌、法国在加拿大建立的首块殖民地——新法兰西的盛衰和英属北美殖民地时代的治理，论述了加拿大在 1867 年建立自治领国家后工业化和城市化的发展历程，尤其是在第二次世界大战中完成工业革命后成为当今世界七大工业强国的经验和教训，剖析了加拿大建立富裕和公平社会的道路以及加拿大形成多元文化的基础，最后分析了加拿大对外关系的演变过程，包括加拿大在第二次世界大战后的世界格局中所扮演的角色及其对维护世界和平所发挥的特殊作用。国外研究加拿大社区学院最受关注的文献当属约翰·丹尼森（John Dennison）和保罗·加拉赫（Paul Gallagher）于 1986 年合著的《加拿大社区学院：一种批判性的分析》（*Canada's Community Colleges: A Critical Analysis*）。③ 该著作是针对加拿大社区学院早期发展的专门研究，作者对加拿大社区学院诞生的社会历史背景、在各

---

① CAMPBELL G. *Community Colleges in Canada*[M]. Toronto, New York and London: Ryerson Press, 1971.

② SEE S W. *The History of Canada*[M]. London: Greenwood Press, 2001.

③ DENNISON J D, GALLAGHER P. *Canada's Community Colleges: A Critical Analysis*[M]. Vancouver: University of British Columbia Press, 1986.

省的发展情况以及社区学院的特点和发展趋势都做了详尽论述。约翰·丹尼森专门从事社区学院研究，保罗·加拉赫曾在不同省份担任社区学院院长，在社区学院发展问题上有很多实践经验。这本理论与实践相结合的著作对加拿大社区学院所做的全景式研究为研究社区学院的早期发展提供了非常重要的参考。1981 年 2 月，西蒙弗雷泽大学教育学院组织了一次题为“加拿大教育：教育中的联邦省关系”的全国性大型研讨会。此著作《联邦与省的关系：加拿大教育》（*Federal-Provincial Relations: Education Canada*）① 直接充分关注了联邦与省级关系的政策背景和未来方向，旨在提高公众对教育在联邦体系中作用的认识，分析了教育作为塑造加拿大生活和社会的主要社会机构的作用，对研究加拿大社区学院发展背景提供了良好的基础。笔者还充分关注到一些加拿大社区学院社会影响的研究。约翰逊（W. G. Johnson）研究发现，加拿大中学后教育除为年轻人提供了学术和技能培训外，更重要的是为年轻人提供了更多的社会流动（Social mobility）的机会。中学后教育在 20 世纪 60 年代的快速扩张受到了当时在发达资本主义国家流行的人力资源理论的影响。② 在社区学院受到美国社区学院良好示范的影响下，迈克尔·斯科尔尼克（Michael L. Skolnik）一项关于加拿大和美国之间的政治、行为和制度差异的研究（*Lipset's Continental Divide and the Ideological Basis for Differences in Higher Education between Canada and United States*）深度解析了两国高等教育的巨大差异。③

---

① IVANY J W G, MANLEY-CASIMIR M E. *Federal-Provincial Relations: Education Canada*[M]. Toronto:OISE Press,1981.

② JOHNSON W G. *Cutting the Pattern to Fit the Cloth: Access to Post-secondary Education*[J]. Canadian Public Administration,1984,27(1):102-109.

③ SKOLNIK M L. *Lipset's Continental Divide and the Ideological Basis for Differences in Higher Education between Canada and United States*[J]. The Canadian Journal of Higher Education,1990,20(2):81-93.

在对加拿大社区学院的招生和服务功能、范围进行的研究中，林恩·艾尔沃德（Lynn Aylward）和辛西娅·布鲁斯（Cynthia Bruce）的研究论及加拿大各省如何通过设立特殊的入学标准来录取一定数量智力缺陷学生入学的做法，社区学院在服务社区方面的一个重要突破就是有条件录取智力有缺陷（Intellectual Disability）的学生入学。[①] 王飞就中国和加拿大少数民族学生接受高等教育公平权这一问题，回顾了加拿大少数民族学生进入社区学院学习的安排和办法。[②] 芬尼（Finnie）与亚瑟（Usher）的研究关注社区学院增加教学点对促进学生就近入学的影响。[③] 莫里斯·杜佩雷（Maurice Duperre）的研究把加拿大的社区学院划分为 3 种类型，其中私立初级职业技术学院（Private Junior College，Vocationally Oriented）是主要侧重于就业培训的学校（heavily career-oriented schools），魁北克省的 CEGEP 学院体系颇受推崇。[④] 努纳武特北极学院（Nunavut Arctic College）是努纳武特地区唯一一所社区学院，旨在为当地的因纽特人提供高等教育。帕特里夏·加维里亚（Patricia Gaviria）的研究通过观察努纳武特北极学院的发展

---

① AYLWARD M L, BRUCE C. *Inclusive Post-Secondary Education in Canada: Transition to Somewhere for Students with Intellectual Disabilities*[J]. The Journal of the International Association of Special Education, 2012, 15(2): 42-47.

② WANG F. *Educational Equity in the Access to Post-Secondary Education: A Comparison of Ethnic Minorities in China with Aboriginals in Canada*[J]. Interchange, 2013, 44(1): 45-62.

③ FINNIE R, USHER A. *Measuring the Quality of Post-secondary Education: Concepts, Current Practices and a Strategic Plan*[M]. Ottawa: Canadian Policy Research Networks Inc., 2015.

④ DUPERRE M, *Global Development of the Two-year College Concept*[J]. Higher Education, 1974(3): 315-330.

分析了努纳武特地区矿业经济快速发展对当地原住民受教育权的影响。① 为了了解不同层次的教育决策，卜拉欣·布达拜特（Brahim Boudarbat）选择了一个研究领域的范式，并在《高等教育专业学生的专业选择》（*Field of Study Choice by Community College Students in Canada*）中分析了收入对这一选择的影响。社区学院作为加拿大高等教育的重要组成部分，25—64 岁的人口中有 21％拥有大学学历。其通过对于社区学院受教育年龄结构、性别结构方式的分析表明，选择特定社区大学学习领域的概率在很大程度上取决于该领域相对于其他领域的预期收入。研究结果还表明，与男性相比，女性在选择学习领域时对收入的重视程度较低，而且在开始社区大学之前就业的学生比没有工作经验的学生对各个领域的收入变化更敏感。②

众所周知，加拿大社区学院的快速发展得益于联邦政府的大力支持，特别是经费的投入。安妮·玛丽·德科（Anne Marie Decore）的《加拿大 1970—1971 年至 1984—1985 年的教育财政：谁说了算，谁买单？》（*Educational Financing in Canada 1970-71 to 1984-85: Who Calls the Tune, Who Pays the Piper？*）中考察了 1970—1971 年间教育融资的变化，分析了各省在 GDP、政府支出总额、入学人数、初等中等教育和高等教育资金以及各级政府出资及资金方面的差异。自 20 世纪 70 年代末以来，小学、中学和大学每名学生的支出均以固定美元计算。与 20 世纪 70 年代初至后期各省在必要资金中的比例越来越大形成鲜明的对比，自那时以来，联邦和市政府都被迫增加其在教育资金中的份额。这些变化不仅仅是从政府间关系的角度来考察，更重要的

---

① GAVIRIA P. *Indigenous Rights and Advanced Capitalism in Community Colleges: The Case of Nunavut Arctic College*[J]. Community Colleges Worldwide: Investigating the Global Phenomenon, 2012(17): 99-128.

② BOUDARBAT B. *Field of Study Choice by Community College Students in Canada*[J]. Economics of Education Review, 2008, 27(1): 79-93.

是从国家财政危机的角度来审视。[①] 除此之外，《高等教育中的教育公平：中国少数民族与加拿大原住民的比较》（*Educational Equity in the Access to Post-Secondary Education：A Comparison of Ethnic Minorities in China with Aboriginals in Canada*）中通过探索和评估中国少数民族学生高等教育的历史、现实和潜在发展，并与加拿大土著学生的高等教育进行比较，从而深入了解高等教育中的公平问题。它强调了这两个国家中这些少数民族在教育政策制定、方向和执行方面获得高等教育的机会。这项研究考察了两国教育政策的共同点和差异，以阐明各国如何根据《世界人权宣言》所概述的自由、公平和尊严原则，在各自的中学后教育体系中解决公平问题。[②]

在加拿大社区学院在各省设立的多样化方面，保罗·加拉赫所著的《加拿大社区学院体系：多样化学习》（*Canada's Community College Systems：A Study of Diversity*）[③] 一书中提到，多样化是加拿大社区学院的核心。例如，安大略省创建了职业导向的应用艺术和技术学院；不列颠哥伦比亚省和阿尔伯塔省选择了地方管理的综合学院，分别设立了大学转学功能；萨斯喀彻温省发展了“没有围墙的学院”；魁北克省的普通和职业教育学院纳入了免学费的技术和大学预科课程；纽芬兰、曼尼托巴、新不伦瑞克、育空和西北地区建立了技术学院，更加着重于短期工作入职培训等。文中详细描述了加拿大社区学院系统中丰富的多样性，分析了这种多样化的原因和后果。

---

① DECORE A M, PANNU R S. *Educational Financing in Canada 1970-71 to 1984-85: Who Calls the Tune, Who Pays the Piper?* [J]. The Canadian Journal of Higher Education, 1986, 16(2): 27-49.

② WANG F. *Educational Equity in the Access to Post-Secondary Education: A Comparison of Ethnic Minorities in China with Aboriginals in Canada* [J]. Interchange, 2013, 44(1): 45-62.

③ GALLAGHER P, DENNISON J D. *Canada's Community College Systems: A Study of Diversity* [J]. Community College Journal of Research & Practice, 1995, 19(5): 381-393.

在加拿大社区学院的革新发展与未来应对方面，约翰·丹尼森在一篇研究社区学院管理模式的文章中指出，社区学院也需要像大学一样吸收教职员工参加学院管理，民主管理能增强相互信任，提高士气，促进学院内部的沟通交流。[①] 格兰·琼斯研究了安大略省 22 所社区学院教师发展的情况，通过对学院管理结构、资金来源、教师发展活动、教师发展评估的分析，他提出了当时社区学院面对经济社会发展情况应该采取的应对措施。[②] 在一篇关于社区学院从工业经济时代向知识经济时代转变过程中应该关注的问题的文章中，保罗·加拉赫（Paul Gallagher）认为加拿大社区学院应改变适合工业经济时代的教学方法，研究适合知识经济时代终身学习的教学方法。[③] 约翰·莱文（John Levin）研究了全球化对加拿大社区学院的影响，并发现加拿大社区学院在全球化快速发展的时代背景下已经采取了积极的措施应对其面临的挑战。社区学院在省政府的指导下将更多的资源用在了服务地方经济社会、融入全球化时代的经济和社会优先发展方面。[④] 约翰·莱文认为高等教育已进入知识经济的中心阶段，并已被用于寻求经济竞争力和社会发展，这一论断在《使命与结构：关于加拿大高等教育全球化的清晰认知》（*Missions and Structures: Bringing Clarity to Perceptions About Globalization and Higher Education in Canada*）[⑤] 一文中得到诠

---

① DENNISON J D. *The Case for Democratic Governance in Canada's Community Colleges*[J]. Interchange, 1994, 25(1): 25-37.

② JONES G A, GEIS G L. *Faculty Development Structures and Activities in Ontario's Colleges of Applied Arts and Technology*[J]. The Canadian Journal of Higher Education, 1995, 25(1): 41-61.

③ GALLAGHER P. *Canada's Community Colleges, the Next Five Years*[J]. Change Strategies, 1987: 11.

④ LEVIN J S. *Missions and Structures: Bringing Clarity to Perceptions about Globalization and Higher Education in Canada*[J]. Higher Education, 1999, 37(4): 377-399.

⑤ LEVIN J S. *Missions and Structures: Bringing Clarity to Perceptions about Globalization and Higher Education in Canada*[J]. Higher Education, 1999, 37(4): 377-399.

释，并对加拿大国际化转型的趋势和改革提出了预判和建议。保罗·加拉赫（Paul Gallagher）和威廉·戴（William Day）对社区学院在加拿大终身学习社会发展中的作用给出了一些政策建议。① 在社区学院治理方面，丹尼森在《加拿大社区学院的民主治理案例》（*The Case for Democratic Governance in Canada's Community Colleges*）中提出，虽然两院制治理的传统在加拿大的大学中已经确立，但在任何一个省，社区学院都没有按照类似的原则运作。事实上，无论是通过参议院还是类似参议院的机构，大学教师在治理中都没有法定角色。丹尼森论证了在大学治理中加强民主的理由，并在此基础上分析了大学治理的作用。②《使命与结构：关于加拿大高等教育全球化的清晰认知》有关分析社区学院的使命和结构方面，指出了与全球化相关的变化。莱文提出了影响社区学院未来发展走向的因素——全球力量，如国际经济、国际政治斗争及其后果，以及全球传播系统。这些力量在改变学校行为方面具有影响力，包括改变学校使命和机构结构。大学越来越面向市场，对公众需求和偏好做出更大的响应，越来越多地受到省级政府的指导，以服务于政治和经济优先事项。文章基于对7所社区学院的多案例、定性和纵向研究，确定和分析了社区学院适应全球化进程内在需求下的积极措施。③

在对加拿大社区学院与大学关系与学位授予的研究方面，格兰·琼斯（Glen Jones）于1997年出版了《加拿大高等教育：不同体系与不同视角》（*Higher Education in Canada: Different Systems,*

---

① GALLAGHER P, DAY W L. *Community Colleges and Lifelong Learning: Canadian Experiences*[J]. Springer International Handbooks of Education, 2001(6): 645-662.

② DENNISON J D. *The Case for Democratic Governance in Canada's Community Colleges*[J]. Interchange, 1994, 25(1): 25-37.

③ LEVIN J S. *Missions and Structures: Bringing Clarity to Perceptions about Globalization and Higher Education in Canada*[J]. Higher Education, 1999, 37(4): 377-399.

Different Perspectives）一书，该书重点剖析了加拿大社区学院与大学的角色差异及其关系。[①] 但在该书出版后，随着加拿大社区学院的不断发展，琼斯发现，加拿大社区学院和大学在课程设置方面的界限逐渐模糊，大学开始提供职业教育，社区学院也开始联合大学提供学位课程。[②] 迈克尔·斯科尔尼克的研究回顾了安大略省自社区学院出现后社区学院和大学的关系演变。斯科尔尼克的研究发现安大略省社区学院在处理和大学的关系上受到了传统观念中大学对社区学院定位的影响，同时社区学院没有很好地设置大学转学教育也影响了安大略省社区学院和大学的关系。[③]《市场导向的大学与知识角色的变化》（*The Market Oriented University and the Changing Role of Knowledge*）中阐述了企业与大学之间的联系是在信息社会和资本全球化两大影响的轨道上发展的。信息社会的存在给知识的生产和转让带来了巨大的压力。近年来的经济收缩与资本全球化并行不悖，资本全球化要求生产性企业在全球范围内进行竞争，社区学院的发展也被推向了市场导向。[④] 随着社会文化需求的变化以及社会人口结构的波动，加拿大社区学院必须根据其历史背景重新定义其角色。大多数省级大学体系的发展还不到 20 年，政府重新评估其优先事项。丹尼森在《八十年代的加拿大社区学院——生存策略》（*The Canadian Community College in the Eighties—Strategies for Survival*）中提出，社区学院必须克服的一个关键的问题是如何反映英国教育传统的更保守和精英主义氛围中

---

① 格兰·琼斯. 加拿大高等教育：不同体系与不同视角（扩展版）［M］. 林荣日，译. 福州：福建教育出版社，2007.

② 黄复生，魏志慧. 高等教育的国际化与多样化——访加拿大高等教育知名学者格兰·琼斯教授［J］. 开放教育研究，2008，14（3）：4-8.

③ SKOLNIK M L. *Evolution of Relations between Community Colleges and Universities in Ontario*[J]. Community College Journal of Research & Practice, 1995, 19(5): 437-451.

④ BUCHBINDER H. *The Market Oriented University and the Changing Role of Knowledge*[J]. Higher Education, 1993, 26(3): 331-347.

体现北美大众主义教育方法。社区学院旨在提供技术和职业培训，以满足不断变化的经济的需要，促成政治和社会变革，并提供重要的社区资源，特别是在农村地区。为了保持这些改革主义理想和对社区需求的承诺，鉴于20世纪70年代带来的社会变化，社区学院必须采取基本的生存战略，包括确立其身份、使命和任务；通过制订新的计划、满足特殊群体的需求以及发展与工业界的合作企业来应对国家的优先事项；寻求一种新的风格，以满足工作场所的需求并提供学习机会等等。① 在加拿大社区学院学位授予方面，《加拿大学位认证》（*Degree Accreditation in Canada*）文中，作者追溯了过去15年左右加拿大学位授予的变化。概述了当前各省关于学位授予的政策和最新决定。提出了加拿大当前学位认证过程的一些影响，包括出现了一种新的加拿大本科生学位分层，不同的学位认证过程导致了对学生具有不同意义和价值的不同学位。为了保护学生消费者和加拿大本科生学位的流通，作者提出了制定国家标准以定义大学级机构及其学位质量的建议。②

（三）文献评析

通过对国内外主要研究文献的总结和分析，了解了相关领域理论研究前沿，从而开拓视野，在他人成果的基础上展开更加深入的研究。这些在加拿大社区学院发展历程中的数据和文献，有利于分省研究和分期研究，但是还存在以下几方面不足：第一，已有成果对加拿大社区学院发展历程的系统性研究明显不足。第二，国内现有研究对加拿大社区学院发展中大学和社区学院的互动关系关注较少，并未充分注意联邦和省级政府在这种互动中的角色定位。第三，国内现有研究没有充分关注进入终身学习时代后加拿大社区学院所发挥的重要作用。

---

① DENNISON J D. *The Canadian Community College in the Eighties—Strategies for Survival*[J]. Change Strategies，1982(8)：28.

② MARSHALL D. *Degree Accreditation in Canada* [J]. The Canadian Journal of Higher Education，2004，34(2)：69-96.

事实上，较之大学，社区学院的灵活性为满足终身学习理念下不同群体的教育需求提供了更大的空间和选择性，这也是20世纪90年代以来加拿大社区学院转型发展的重要取向。第四，国内现有研究对加拿大社区学院的国际化趋势关注不够。社区学院在高等教育国际化的过程中并非无所作为，而是有其广阔的参与空间。加拿大社区学院在培养国际学生和培训新移民方面已有很大发展。国际化已成为加拿大社区学院发展中的明显趋势，应当予以重点关注。

四、研究内容

本文在系统梳理“二战”后至今加拿大社区学院的发展与改革历程的基础上，寻找加拿大社区学院由肇始到兴起再到成熟以及制度化的内在规律，分析其演化和成长过程、阶段性特征及其经济社会成因，深描加拿大社区学院在其高等教育体系中的位置及其内在关系，阐述加拿大社区学院的办学和教学规律对我国高等职业教育的借鉴意义。本研究根据加拿大社区学院的产生发展过程及其阶段性特征分为4个时期加以考察和论述，形成了第一、二、三、四章主体内容。第五章则总结了“二战”后加拿大社区学院产生发展的基本规律和经验，阐述了这些规律和经验对于中国高等职业教育改革与发展的启示和借鉴意义。各个章节的具体研究内容如下。

第一部分：绪论。主要分析了研究缘起、选题意义、国内外研究现状、研究内容设计、研究方法、理论依据、主要创新点与不足。

第二部分：这是本研究的主体部分，包括第一至四章，主要梳理和论述了加拿大社区学院的产生和发展历程，本研究将其分为了4个阶段，分别论述了每个阶段的时代背景，经济社会发展状况，对社区学院创办和发展的需求与呼唤，社区学院的回应，高等教育体系的应对，政府高等教育管理的改革与创新，重要人物的高等职业教育思想分析，典型案例分析，社区学院教育制度的创生与成熟等内容。

第一章：加拿大社区学院的初创（“二战”结束至 20 世纪 50 年代末）。“二战”结束后，经济的恢复和发展为加拿大高等教育发展提供了条件并提出了新的要求。此时加拿大积极扩大与美国和西欧各国的贸易往来，以摆脱加拿大经济的萧条状态，实现恢复和发展，逐渐跻身世界工业强国之列。受到经济和社会转型发展、人口急剧增长、民众教育需求增加的影响，在美国社区学院发展示范作用的感召下，加拿大各级政府调整高等教育政策，一些省份率先开始了创办社区学院的探索，阿尔伯塔省率先成立了第一所公立社区学院，安大略省、萨斯喀彻温省、不列颠哥伦比亚省等省份相继创办社区学院。社区学院在加拿大落地生根，其功能初步显现并开始得到社会各界的认可。

第一章第一节主要分析了加拿大社区学院肇始之成因：经济社会发展需求、高等教育体系改革驱动、美国社区学院的示范与启示、加拿大联邦和省高等教育政策调整之影响；第二节主要分析了先驱省份社区学院的创生及其对其他省份的带动，并对其个案进行了追因和办学状况分析；第三节对加拿大社区学院肇始阶段成效与不足进行了总结概括。

第二章：加拿大社区学院的蓬勃发展（20 世纪 60 年代初至 70 年代中期）。在这一时期，加拿大工业化进程加速，经济发展欣欣向荣，对产业工人的数量和技术水平需求也进一步提升。同时，受高等教育大众化浪潮的冲击，加拿大高等教育由精英教育向大众化转变的步伐也明显加快，为此，政府出台一系列政策措施，推动社区学院的发展，社区学院在大部分省区普遍设立，入学人数迅猛增长。伴随着办学规模的扩大，加拿大社区学院在办学类型、课程体系、学生录取与生源构成等方面均呈现出多样化发展态势，各省逐步探索各具特色的社区学院办学模式，使得社区学院服务经济社会发展的功能得到充分发挥。社区学院承担起为“二战”后婴儿潮一代以及不断增加的外来移民提供实用技能培训的重任。

因此，第二章第一节分析加拿大社区学院勃兴的成因：经济高速发展和产业结构调整升级、政府教育部门出台社区学院举办促进政策、高等教育大众化浪潮推动；第二节梳理了加拿大社区学院勃兴阶段的具体表现：社区学院举办的升级全覆盖、在校生规模激增、办学模式多样化；第三节总结了加拿大社区学院勃兴阶段的成效和不足。

第三章：加拿大社区学院的危机凸显与改革应对（20 世纪 70 年代中期至 80 年代末）。20 世纪七八十年代，受世界性石油危机和经济危机的影响，加拿大经济出现急速衰退，通货膨胀严重，失业率高，政府财政收入锐减，加之战后人口生育高峰已过，加拿大高等教育的迅猛发展势头受到抑制，教育投入减少，学费上涨，入学人数增长速度缓慢。在此发展困境中，加拿大社区学院及时调整发展策略，实施改革以应对危机：积极争取联邦与省级政府的财政支持，加强社区学院外部管理、评估机制，健全学院内部管理、办学机制，并加强与企业界的协调互动，最终突破困境实现了危机时期平稳发展。在这一时期，爱德华王子岛的荷兰学院 CBE 模块化教学闻名国际；社区学院经济服务功能得到充分体现，并建立起覆盖边远省区的相对独立的综合性社区学院体系。

因此，第三章第一节论述了加拿大社区学院调整时期的社会背景和经济成因，对石油危机、经济衰退、财政紧缩给社区学院发展带来的影响进行了分析；第二节对加拿大社区学院在这一阶段所采取的应对策略进行了深描：争取联邦和省级财政支持、建立社区学院外部评估管理机制、实施内部管理改革、与企业界协调互动、设立边远地区社区学院；第三节论述了加拿大社区学院调整时期的应对成效和不足。

第四章：加拿大社区学院的转型发展（20 世纪 90 年代以来）。20 世纪 90 年代以来，随着世界经济的一体化发展，加拿大国内经济结构面临调整，同时学习型社会的来临以及移民数量的不断攀升，都对加拿大社区学院的发展提出了新的挑战；而此时学位制度的缺失及其对社区学院发展的制约日益显著。为此，在联邦及各省政府出台政策的指引、扶助下，加拿大社区学院一面健全评估机制，制定未来发展规划，一面积极推进转型发展，逐步从学历教育走向学位教育，并以服务终身学习为导向，加快国际化转型的步伐。

因此，第四章第一节主要阐述加拿大社区学院转型发展的社会背景：学位制度缺失对社区学院发展的制约、学习型社会的挑战、高等教育国际化加速；第二节主要阐释了加拿大社区学院转型发展的主要内容：提升教育质量、面向学位教育、服务终身学习、加快国际化转型；第三节总结了这一时期加拿大社区学院转型发展的成效和不足。

第三部分：在对加拿大社区学院的发展历程进行分阶段梳理的基础上，结合国内外相关文献，对“二战”以来加拿大社区学院发展的基本经验进行总结提炼：如明确自身定位，努力凸显独特的育人价值，以评估、改革保障社区学院的高质量办学；从外部来看，来自联邦政府和各省政府的立法与财政支持，以及来自社会各界的高度关注与积极扶持也都是推动加拿大社区学院不断发展的重要因素。最后，以加拿大社区学院的发展历程及其经验为借鉴和参照系，针对当前我国高等职业教育改革与发展面临的机遇和挑战，提出相应的发展建议。依此形成了本研究的第五章内容。

第五章第一节对“二战”以来加拿大社区学院发展的基本经验总结概括：彰显独特的人才培养价值、争取独立的办学空间、立法和财政支持、普职高等教育良性互补、不断调整办学策略保障高质量发展；第二节阐述加拿大社区学院发展经验对我国高等职业教育的启示：进一步明确发展战略、定位和方向；完善机制体制、加强立法；增加投入、提升保障能力；深化产教融合，探索多元治理；加强规划评估，提升人才培养质量，保障高质量发展。

五、研究方法

（一）理论依据

首先，本研究以马克思主义辩证唯物主义、历史唯物主义和唯物辩证法为指导，遵循科学的马克思主义历史发生学方法。历史发生学是对现实及其发生前提和发生过程进行研究的方法，追求事物发生发展的内生性规律，具有科学性、革命性和实践性特征，可称之为“行动理论或图式”。恩格斯认为：“社会发展史却有一点是和自然发展史根本不相同的。”“在社会历史领域内进行活动的，是具有意识的、经过思虑或凭激情行动的、追求某种目的的人；任何事情的发生都不是没有自觉的意图，没有预期的目的的。”“而这许多按不同方向活动的愿望及其对外部世界的各种各样作用的合力，就是历史。”① 二战后加拿大社区学院的发展历程恰恰证实了这一点。正是经济社会发展的现实呼唤了社区学院这一新的职业性的高等教育办学形态的出现，而一些地区和一些个人以及政府机构对于这种趋势的认识和共识促发了这一办学形态的诞生。随后，随着时代的变迁、社会需求的变化，社区学院办学形态不断发展和演化，其中政府层级间、办学群体与受教育群体间互动，社会精英的认识不断清晰，教育理性不断形成和进化，才促成了加拿大社区学院跌宕多姿又富有理性的发展，而研究这一变迁过程所蕴含的本质规律就是本研究的宗旨所在。

其次，本研究运用了新制度经济学的相关理论。科斯指出，新制度经济学是用主流经济学方法分析制度的经济学。加拿大社区学院的创生，是一个新形态的高等教育制度的创生过程。这一高等职业教育

---

① 恩格斯．路德维希·费尔巴哈和德国古典哲学的终结［M］．中共中央马克思恩格斯列宁斯大林著作编译局，译．北京：人民出版社，2018：248.

制度从无到有，从有到优，是教育理性和共识形成的结果，是教育需求群体与高等教育承办者、高等教育内部普职教育群体间、联邦政府和省级政府间不断博弈的结果，是高等教育机构不断进化的结果，是美国社区学院这一高等教育办学形式移植和进化、本土化的结果，是对加拿大不属于高等教育的、专注职业技术培训的、与经济发展和就业直接相关的各类职业技术学校路径依赖和不断进化的结果，是高等教育改革与发展求得均衡解的结果。总之，举办、发展、调整、优化社区学院，就是要达到教育权责界定清晰，交易成本最低，高等教育制度更加完善，与经济社会互动更加良性。

再次，本研究运用了教育生态学理论。教育生态学是运用生态学原理与规律来分析教育学问题，教育生态学就是关于教育生态的学问，要揭示教育生态系统发生发展的规律，提升对人、教育、环境三者间关系的认识，促进教育生态系统的健康可持续发展。加拿大社区学院可以看作是其高等教育生态体系中的一种新形式，它的出现是经济社会发展和人才需求、教育改革、高等教育发展、人们的高等教育诉求等人财物力积累和跃迁的结果，高等教育生态系统不断接受这种物质、能量和理性的累积，发生了生态平衡的移动，实现进一步高位优化，更加趋于合理，系统内的各个部分、各个要素更加和谐共生。本研究重点研究的就是高等教育生态平衡移动过程中各种物质条件、理性发展、共识形成、环境变迁、需求增加等积累过程，由此产生社区学院加入后的新的高等教育生态，并在不断发展优化修复过程中，实现了新平衡，与经济社会发展和其他的生态关系进一步和谐互动。

另外，本研究还借鉴了高等教育学、职业教育学、教育管理学等专业理论，由于这些理论虽然基础，但是并非本研究所独有，对本研究的特色创新贡献值较小，所以不再一一赘述。

（二）具体研究方法

1. 历史研究法

历史研究法是根据学习掌握的历史资料，依照历史发展的时间顺序对历史事件进行研究的方法，也叫纵向研究法。作为史学的分支，教育史研究要利用大量详尽的文献资料，进行钩沉、筛选和排列，并以此为基础探寻教育现象的产生、发展规律，这是历史的根本。如果要准确全面地把握加拿大社区学院的产生、发展过程，就必须对其间的影响因素进行系统分析，并对史料进行搜集、整理、占有和吸收。本文将以加拿大国家统计局统计数据资料以及核心文献为关键性依据，外围史料更涉及加拿大社会史、思想史、教育史和文化史等多个方面。对历史资料的精心筛选和正确使用，需坚持马克思主义历史唯物主义和辩证唯物主义的基本立场，运用历史与理论相结合的方法，对加拿大社区学院的发展历程、各阶段发展特征、发展经验与影响进行全面系统的分析和归纳。笔者将采用多种途径和方法，尽可能广泛地搜集相关资料，并认真对其进行鉴别、分析与运用。

2. 比较研究法

比较研究法就是依照一定的标准，对有联系的不同事物进行研究，探寻它们之间的相同点和不同点，从而求得事物的普遍规律以及特殊规律的方法。在对加拿大社区学院发展历程的研究中，比较研究法主要运用在对加拿大社区学院在不同历史阶段所呈现出的不同发展状态的对比之中，以及各省社区学院所展现出的各异特征和发展路径的比较当中。在“二战”结束后的经济恢复与蓬勃发展时期及20世纪70年代经济危机时期，加拿大社区学院的发展所能获得的资源与支持必然是有差异的，这也导致社区学院发展策略与成效的差异；而受到教育体制、基础、管理和环境等多方面因素影响，加拿大各省发展社区学院又有其各自的背景、需求和自主策略。通过比较研究，可以更加系统、深刻地探知加拿大社区学院一般性的发展规律，有助于从整体上认识包括社区学院在内的加拿大高等教育的发展历程。

3. 个案研究法

个案研究法是以典型的案例为研究对象，对其资料进行全面深入地分析、解读以及探讨的研究方法，也称案例研究法。本论文选取加拿大不同历史时期社区学院的代表性案例来对社区学院这一高等教育形态的发展轨迹与态势进行呈现与剖析；同时，选取各省具有代表性的社区学院来呈现加拿大分权而治的教育管理体制下社区学院的多样化发展特征。在浅析不同时期加拿大社区学院发展的阶段性特征的基础上，在概述各省社区学院发展总体情况的基础上，选取不同历史时段、不同省份具有代表性的社区学院案例进行个案研究，有助于更加深入、系统地把握社区学院的特征与本质，透视其发展的内在规律，并更加清晰地认识其在整个高等教育体系中的位置。

六、创新点与不足

（一）创新点

我国学界对于加拿大社区学院的相关研究尚十分薄弱，系统性的研究专著缺乏，本研究力求从历史视角来审视加拿大社区学院这种与传统大学教育既相联系又相区别的高等教育机构类型，具体说来有以下两点创新。

第一，本研究尝试完整梳理加拿大社区学院发展的历史脉络。区别于现有的较短时段或碎片化的研究成果，本研究基本上覆盖了加拿大社区学院的发展历史，并运用个案研究法、比较研究法等方法从点到面，再从面到点地对加拿大社区学院开展研究，能全景式再现加拿大社区学院发展过程中的重要事件与情景，这是对加拿大社区学院研究的重要突破。

第二，本研究把加拿大社区学院的发展放在了更为广阔的社会背景之中。研究过程中不仅关注社区学院的教育属性，同时注意剖析、体现其社会属性与社会功能。这就需要研究者充分思考高等教育机构与社区、政府和工商业发展之间的关系，将社区学院作为社会发展大系统中的一个要素来加以看待和研究。

第三，本研究在研究方法上进行了创新。根据加拿大社区学院发展变革的史实，综合运用了历史学、制度学、生态学以及教育学等相关理论成果，整合史料钩沉、比较鉴别、数理统计、案例描述、辩证分析等思维方法和研究方法，形成了相对独立、富有特色的方法论，为研究视野拓展、站位提高、观点创新打下了基础。

（二）不足之处

第一，文献资料的收集与运用有待进一步完善。外国教育史研究必然要求有尽可能丰富的外文材料作为支撑。但是，由于地域远隔、疫情防控等原因，没能赴加拿大当地查阅相关资料，只能通过网址购得部分文献，而大部分资料是通过线上图书馆和各类相关网站搜集，或从相关研究专家处借阅，所以国外文献资料搜集难免遗漏。另外，这一研究领域在国内处于初创阶段，如前文所述，系统翻译和研究的成果很少，也增加了资料的收集难度。

第二，对加拿大不同省份社区学院的比较研究有待加强。加拿大是一个典型的教育分权制国家，没有国家层面主管教育的政府部门，而是一个以省级行政区政府为主导、联邦政府参与的教育管理体系。因此加拿大不同地区、不同类型的社区学院所承担的功能存在较大差异，各省社区学院管理机构的结构和运作方式各不相同，因而对不同省区社区学院的比较研究非常必要。本书只选取了社区学院发展较为发达、典型的省区，对一些社区学院发展落后的省区资料搜集和比较研究相对欠缺。

第三，对研究中的某些方面的分析和探讨尚不够完善。如对社区学院发展的外部影响与辐射的探讨不够完善。对加拿大社区学院发展历程的研究涉及教育学、历史学、经济学、社会学等多个领域，关涉的领域很广，但在实际研究中，分析的广度、深度尚有提升空间。同时，本研究在宏观分析上所做努力较多，但在微观教育教学活动方面限于资料方面的欠缺，还待进一步研究。

第一章　加拿大社区学院的初创

（“二战”结束至20世纪50年代末）

“二战”以后，加拿大非常主动地参与美国“马歇尔计划”，以此为契机扩大了与美国和西欧各国的贸易交往，使得加拿大经济迅速摆脱了萧条状态，实现恢复和发展，踏上了迈向工业化强国的道路。受经济和社会转型发展、人口急剧增长、民众教育需求增加和美国社区学院示范作用、各级政府高等教育政策调整等多重因素影响，加拿大一些省份率先开始了创办社区学院的探索，阿尔伯塔省率先成立了第一所公立社区学院，安大略省、萨斯喀彻温省、不列颠哥伦比亚省等省份相继创办社区学院。社区学院在加拿大落地生根，其功能初步显现并开始得到社会各界的认可。

第一节　“二战”后加拿大社区学院初创的动因

一、经济社会发展对高等教育的新需求

“二战”后，加拿大作为北美大陆上一个没有受到战争直接破坏的国家，以较快速度实现了经济繁荣、社会安定和现代化发展。加拿大政府适时进行经济政策调整，从战时鼓励军工生产转向战后大力发展民用生产体系。起初，加拿大出口物资是以新闻纸、皮革、木材和矿

石等原材料为主的初级产品，战后阿尔伯塔和大不列颠哥伦比亚省的石油和天然气开发给加拿大的经济格局带来了巨大变化。“二战”结束后，英国经济遭受严重打击，在加拿大的投资大幅缩水，美国资本大量涌入，加美之间的贸易也随之快速发展。为了振兴西欧的经济，美国实行了“马歇尔计划”，加拿大也参与其中，并通过马歇尔项目的资助扩大了同西欧国家的贸易往来。加拿大与美国开始迅速演变为最大的贸易伙伴。① 1946 年加拿大对美国出口占总出口贸易额的 39%。“二战”后，美国进口商品中，有 70%份额生产自加拿大。1945—1946 年，加拿大经济虽出现下滑趋势，但 1947 年立即起死回生，并持续增长，失业率始终未超过 5%。且由于生产过程中先进技术的利用，加拿大人均国民生产总值跃居世界第二，仅次于美国。② 此外，“二战”后入境移民的到来显著增加了加拿大社会结构的多样性，也给这个以农业这一古老行业为基础的社会带来某种冲击，并推动着工业因素的生长。1951 年，加拿大农村人口占总人口的 38.4%，10 年之后，下降至 29%。③ 在扩大规模的同时，加拿大农场的数量减少了，机械化程度不断提高。由此种种，都是加拿大由低级的体力劳动转向有报酬等其他范畴的职业技术革命的重要因素。④

大体来说，“二战”后的加拿大政府利用相当成功的宏观调控政策帮助自身完成了国民经济从战争阶段向和平阶段的过渡与复苏，经济快速发展的同时建立起了强大的工业体系。由于工业化水平不断提高和市场经济的快速发展，市场对专业技术人才的需求量与日俱增，促

① CREIGHTON D. *Canada's First Century: 1867-1967*[M]. Toronto: MacMillan of Canada, 1970: 121.

② SEE S W. *The History of Canada*[M]. London: Greenwood Press, 2001: 10-13.

③ SEE S W. *The History of Canada*[M]. London: Greenwood Press, 2001: 23.

④ 唐纳德·克赖顿. 加拿大近百年史（1867—1967 年）［M］. 山东大学翻译组，译. 济南：山东人民出版社，1972：403-438.

使高等教育的办学规模不断扩大。即使这样，当时的高等教育能力仍然无法满足市场对高素质技术型人才的大量需求。与此同时，受教育机会不均等和教育水平相对不高也成为社会各界强烈呼吁之重点。

另外，加拿大战后经济和社会发展、各种中等技术人才需求的加剧、科技和民主化思潮的日益盛行、美国社区学院兴起的启发诱导和联邦政府的大力支持，都促使各省区政府努力建设新型的高等教育机构——社区学院。经济社会呼唤促成了社区学院的职能定位，既要兼顾基础教育（为即将进入大学的学生提供早期教育），又要兼顾社区学院的社会服务职能，让社区学院立足社区，以社区为中心，最大限度地满足社区居民的需求。在行政管理上，联邦政府并没有对社区学院进行具体的领导与监控，而是采取立法、拨款等措施来鼓励、引导和扶持学校的发展。但是，正是这种立法引导以及资金拨付才促使了“倍生器”作用的发生，促进了各个省区社区学院的发展与规范，从而使得加拿大社区学院逐步走上正轨、制度化、法治化的道路。①

阿尔伯塔省社区学院的创建集中体现了上述各种机遇和背景综合作用的发挥。首先，战后该省持续攀升的人口出生率带来了教育需求的持续增长；其次，自 1947 年大油田发现开始，阿尔伯塔省的经济正在逐步走向工业化，迅速发展的工业化经济也从欧洲、美国以及加拿大的其他地方带来了大量的移民。这一系列变化都要求该省提供更多、更丰富的中学后教育，以满足迅猛增加的人口和转型后的经济对高等教育的需求。阿尔伯塔省迅速做出反应，着手创办公立初级学院和专科技术学院增加高等教育机会，培养中等以上工业技术人才。1957 年，莱斯布里奇初级学院成立，被公认为加拿大第一所公立初级学院。②

---

① 皮国萃. 加拿大社区学院行政管理体制研究［J］. 重庆高教研究，2014，2（3）：96-100.

② HARRIS R S. *A History of Higher Education in Canada：1663-1960*［M］. Toronto：University of Toronto Press，1976：211.

二、加拿大高等教育体系面临的现实挑战

(一) 传统高等教育与新生教育需求的矛盾

第二次世界大战之后，人口快速增加是影响加拿大高等教育发展的首要因素。统计数据表明，"二战"后的加拿大人口以相当惊人的速度从 1945 年的 1 200 万人增加到 1961 年的 1 800 万人，增加了 30%，年均增加 2%。人口规模的扩大，一方面促进经济的发展，增加了经济社会发展活力；另一方面，青少年人口的快速增加，需要有更多的教育机会，尤其是和就业相关的高等教育机会。另外，战后工业化和都市化速度加快，也是影响加拿大高等教育规模与发展方向的内在诱因。据统计，到 1961 年，加拿大城镇人口已经占全加 77%，成为全球都市化水平最高的国家之一。20 世纪 50 年代中后期，全球科技发展日新月异，半导体、计算机、微电子、化学等科学技术蓬勃兴起。许多远见卓识的专家和学者人士早已认识到，在科技不断突破的新时期，高科技人才与劳动力的素质将发挥重大影响。1961 年，从人口比例来看，加拿大的在职科学与工程技术人员大致为美国的 50%，而传统的办法是依靠"引进"，也就是号召在"二战"中家园被摧毁的欧洲高科技人才和高级劳动力移民加拿大。但彼时的欧洲人已重新建立了属于自己的家园，背井离乡、远走异国的意愿并不强烈。故为满足对人才的需求，特别是对半专业人才和熟练工人的需求，加拿大只能依靠自身培养。①

加拿大的人口和年轻人数量不断增长，对社会、经济、文化等方面都有了新的要求。如何解决青年学生的学业需求，为他们提供优质

---

① WEST E G. *Higher Education in Canada: An Analysis* [M]. Vancouver: Fraser Institute, 1988: 56.

的高等教育服务，是当时面临的一项重大问题。在20世纪60年代，处于18岁至24岁年龄段的人群数量日益庞大，“二战”后出生的一代人相继步入了青年时期，这些人对于中学后教育的需求比较强烈。据统计，20世纪50年代末，大学和学院的注册人数已经超过了12万人，而从中小学在校生的情况预测来看，到了1967年，需要上大学和学院的人数将会增长1倍，达到25万人，1970年更是预计将会突破35万人。①

显而易见，经济社会发展和入学人数增长的需要，远远超出了以大学和传统学院为主体的高等教育所能承载的能力，这不仅表现在高等教育规模不足上，而且更表现在高等教育的专业设置与办学层次结构上。“二战”前，加拿大的教育体系由4个部分组成：小学和中学教育；高等教育，只限于大学和授予学位的学院；商业、技术和职业培训，有些培训在普通学校进行，有些则由专门学校如商业学校、职业学校等提供；成人教育，一种非正规教育，没有政府的津贴补助。②

在这样的教育体系背景和教育结构影响下，高等教育很难有更大的发展空间，因为人们把这种传统高等教育比作象牙塔，只有英才能进得去。正是在这种教育规模不足和教育层次单一的情况下，“中学后教育”的概念逐渐为人们认可与接受，中学后教育包括大学和授予学位的学院，也包括在最早产生于美国被称作社区学院的新型教育机构。中学后教育概念的推广为打破原有高等教育模式的发展困境提供了契机。③

---

① CAMPBELL G. *Community Colleges in Canada*[M]. Toronto, New York and London: Ryerson Press, 1971: 95.

② Federal Department of Finance. *Report on Expenditures, Income, and Other Socio-Economic Features of the Entire Post-Secondary Student Population in Canada, 1968-1969*[M]. Ottawa: Federal Department of Finance, 1969: 22.

③ 皮国萃. 加拿大社区学院行政管理体制研究［J］. 重庆高教研究，2014，2（3）：96-100.

在这方面，阿尔伯塔、萨斯喀彻温和纽芬兰等省体现得尤为明显。在阿尔伯塔省，由于发现了大油田，整个省份的经济格局发生了改变。快速发展的工业化带动了大量的移民，来自欧洲、美国、加拿大其他省份的大量人口相继涌入阿尔伯塔省。“二战”后，阿尔伯塔省的经济社会状况大为改善，工作岗位多，薪水高。教育被看作是通往美好生活之路的金钥匙，人们普遍认为受教育是最基本的人身权利。20 世纪 50 年代和 60 年代，随着经济和工业的繁荣，对高等教育的要求越来越高，埃德蒙顿和卡尔加里的居民也越来越对科学技术含量较高的岗位感兴趣。于是，莱斯布里奇初级学院应运而生，这是加拿大第一所地方公立初级学院，于 1957 年在阿尔伯塔省成立。在磋商之后，阿尔伯塔大学和莱斯布里奇高等学府签订了一项协定，该学院认可了莱斯布里奇初级学院的学分，毕业生可以继续在阿尔伯塔大学学习。过去，萨斯喀彻温省的中学后职业训练只是作为一种紧急措施，例如经济危机、“二战”和退役军人重新安置，而且时间很短。1958 年，穆斯乔师范学校合并进萨斯喀彻温技术学院，由一个固定的教育机构负责专业训练。与此同时，一些由加拿大人力资源跨产业组织提供的专业训练中心也陆续成立。一般情况下，这些学校会使用暂时租用的房子来满足学生的住宿起居需要。1956 年，英国皇家农业与乡村生活委员会向萨斯喀彻温大学提出了更多关于农村人口的社会调查，要求通过使用高校和当地的学校和公民志愿机构来扩大受教育的机会。

在纽芬兰省，随着 20 世纪 40 年代人口的快速增长，纽芬兰省的居民们对教育事业的期望值大大增加了。他们认为教育是创造美好未来的必要手段，是通向美好生活的阶梯。一般的家庭都想让自己的子女在接受良好教育之后得到一个好的工作。在民众诉求的压力下，省里和地方议会通过了一项高校议案，以促进省内的高等教育。1949 年颁布的大学法案，赋予了纽芬兰大学可以授予自然科学、文学、商业、法律、医学、艺术等专业学位的权利。除技术专业之外，各高校还可以进行自然科学、文学、医学、法律、艺术、渔业、林业等方面的应用研究。纽芬兰大学相当看重渔业、林业等应用型专业，其专业设置更是与当地经济的发展方向密切相关，是推动当地经济发展的重要力量。纽芬兰纪念大学也为适应全省不断增加的教育需求举办了课外社会服务。1959 年，纪念大学透过广播及电视等设备和技术，提供远程教学。一方面，大学不断地丰富和扩充教学内容；另一方面，大学又在不断地改进教学方式和手段，这使得远程教育的发展不断进步。另外，纪念大学也有夜间班和暑期班，深受当地民众的喜爱。

（二）高等教育课程的世俗化转向

加拿大早期的大学很多都是附属于特定宗教机构的私立宗教大学。这与欧洲及美国的状况大体上是相同的。加拿大在 1867 年独立时，全国的大学毕业生不足 1 500 人。大部分学生都是在这些小型宗教大学里学习。此类大学主要提供宗教课程和人文课程，目的在于培养社会管理者及精英。但到 19 世纪后期，随着各省高等教育机构对政府资金依赖程度的提高，大学逐步摆脱对教会的依附，开始向世俗化方向发展。

课程的变化是加拿大高等教育世俗化趋势的集中体现。“二战”前后，大学里教授的课程与学生的学习兴趣逐渐从神学和人文科目转向科学技术知识。随着科技的发展和人类认识世界能力的快速提升，大学所教授的知识和学生学习知识的方式发生了重要变革。“二战”时期，军事与科技紧密相连，使用科技需求空前高涨，学术上的变化被迅速带动起来。在这样的背景下，高校着手进行传统课程的改革，引入新的科研手段，设置新的科学课程。到了战争结束后的 1960 年，高校物理、化学类课程的改革基本完成，而生物学与地理课程的改革也在进行之中。与此同时，电子计算机的出现，使得传统数学在课堂上的地位逐渐被其他基础科学所取代。在课程改革后，自然科学课程的数量明显增加，如工程学、医学、林业等学科辅修课程，物理和化学的教师人数更是猛增，较之 1940 年翻了一番。①

这种课程方面的转变不仅仅加速了大学的世俗化，更重要的是带来了大学人才培养范围的扩大和对专业化人才培养的贡献。面对神学教育的萎缩和逐渐增加的对科学教育的投入，传统大学必须做出相应的变革，它们要么与大型公立大学合并，要么逐渐放弃对教会的依赖，转而谋求政府资金的资助，从而最终转变为世俗的公立大学。

一般认为，加拿大高等教育大众化进程始于“二战”结束之后，在 20 世纪 60 年代基本完成。加拿大大学和学院 1967—1968 年的在校学生数量是 1951—1952 年的 4 倍，而全日制毕业生则是 1951—1952 年的 7 倍，为 24 187 名，比 1945 年增长 5.15 倍。1965—1966 年，加拿大的高中毕业生人数由 1951—1952 年的 4.5 万人增长到了 17.6 万人，高中毕业生人数大幅增长，为各高校提供了充足的生源。另外，加拿大大学的兼职学生数量也有了很大的增加，从 20 世纪 50 年代中期的 1 万多名增加到了 1965—1966 年的 7.3 万名。事实上，高等教育大众化是加拿大高等教育走向世俗化的重要原因。各省政府不断加大对高等教育机构扩张和入学人数增加的投入，由于这些资金按规定只能提供给世俗大学，并不提供给教会大学，在这种情况下，政府资金的吸引和大学的公共性导致很多大学改变办学目的，切割与教会的关系。高等教育逐渐世俗化，表明高等教育的使命逐渐从宗教学习转向适应经济社会发展的需要，高等教育的服务对象也从神职人员或社会上层转向了普通大众。② 不难看出，高等教育世俗化的转变成为社区学院这种新型高等教育机构得以创办的重要背景，因为社区学院本身就是典型

---

① HARRIS R S. *A History of Higher Education in Canada: 1663-1960* [M]. Toronto: University of Toronto Press, 1976: 175-176.

② JONES G A, Li S X,. *The "Invisible" Sector: Private Higher Education in Canada* [M]. //JOSHI K M, PAIVANDI S. Private Higher Education: A Global Perspective. Delhi, India: B. R. Publishing, 2015: 1-33.

世俗性教育机构，将培养适应社会、满足经济发展需求的高素质专业技术人才作为目标。

（三）民众高等教育观念的转变

从历史渊源来看，长期以来，加拿大教育受到英国精英学校体系的影响，小学和中学、中学和大学之间有着非常清晰的分界线，学制体系并非衔接一致。在加拿大的教育和课程体系中，各学科是依照其价值的高低被分为不同等级的。偏古典的学科被赋予较高价值，并被纳入大学课程体系之中；而那些实用学科则被认为不宜登大雅之堂，被排除在大学课程之外。想要接受高等教育的人，也必须具备学习古典学科的能力。对于一般民众而言，只能享受双轨制中的基础教育部分，义务教育阶段之后的教育不是完全强迫性的，它像奢侈品一样并非普通大众都能获得。

到了20世纪50年代末，加拿大人的教育观念，特别是高等教育观发生了重大变化，这一变化离不开“二战”的影响。战争加速了教育理念以及教育目标的转变，战时大学迅速做出反应，变身成为公共服务机构，开放学校资源，服务公众的利益。战后，联邦政府拨款使退役士兵纷纷涌向大学，加拿大的大学也迎来了迅速发展。大学借助战争时期遗留下来的建筑、设备来满足当时巨大的教育需求。目睹上述变化，加拿大民众逐渐开始将大学看成推动经济、社会发展以及个人发展的重要手段。战时的宣传更是着重强调了大学科研对战争的巨大贡献，而且随着退伍军人由参加战争到就读大学，再到进入其他职业的一系列角色变化，民众对于大学作用的认识也逐渐开始转变。正如保罗·艾克谢罗德（Paul Axelrod）所言：“破坏和改变了加拿大人许多生活方式的第二次世界大战，却成了改变公众对高等教育品质和价值认识的一种途径。”①

一些省级咨询机构的调查报告也呼应并引导着民众教育观念的转变。如魁北克皇家教育咨询委员会在走访了全省多所教育机构、考察了加拿大其他省份和欧美许多院校并采访了200多位专家之后，完成了一份调查报告：“民主化”和“入学权利”两个关键词赫然出现在这份报告之中。虽然外界不断向该委员会施压，要求其在一定程度上保护精英主义，然而教育体系的“民主化”趋势已然势不可挡。学生的入学权不应因为地理或财务上的理由而被限制已成为一个被普遍接受的观点。同时，该委员会报告还对普通教育与专业教育的关系以及专业教育的经济功能进行了探讨，提出以新的视角和价值观来衡量不同学科所具有的特定价值，建议在文化多样性的基础上将人文科学文化和自然科学文化协调起来。

在该时期，加拿大的经济转型与对技术劳动力的急迫需求，也使民众看到了接受高等教育所能得到的回报。此时，社会上的就业机会丰富，但所需的各行业技术人员却极为匮乏。面对这些薪酬待遇很具诱惑力的新兴就业岗位，人们一方面产生了迫切接受高等教育、做好就业准备的需求，另一方面也更为呼唤一种不同于传统四年制大学的、面向这些新兴就业岗位的高等教育机构。在这样的观念转变背景下，社区学院的产生自然也就水到渠成。

三、美国社区学院的良好示范

社区学院最早出现在美国，由初级学院发展而来。从19世纪末建立的初级学院到“二战”后的社区学院，这种教育机构历经了从拥有

---

① 格兰·琼斯．加拿大高等教育：不同体系与不同视角（扩展版）［M］．林荣日，译．福州：福建教育出版社，2007：146．

单纯的转学职能到注重社区服务职能的转变。美国的高等教育在 19 世纪后期已经打下了良好的发展基础。在 1860 年，美国有 246 所大学和学院，其中有 17 所是州立大学。当时美国的大学和四年制学院仍是精英教育场所。美国南北战争结局证明，北方打败南方的主要原因在于北方具有较好的工业基础。18 世纪末期，发源于英国的产业革命也加速了其他国家的工业化进程，对美国国民受教育水平和劳动力培训提出了更高的要求。美国经济飞速发展和铁路网的建设，使得产业结构发生变化，农业比例逐渐下降，工业比例大幅上升。职业种类也变得越来越丰富，对知识和技能的需求也越来越专业化。1862 年，美国通过了莫雷尔授地法案，各州建立了一批农业学院和机械工艺学院，高等教育走向实用。20 世纪初，民主化浪潮的出现对美国的教育发展产生了重大影响，社会舆论界极力追求教育机会平等。所谓的教育机会平等，其实就是要求社会为那些乐于学习的人提供免费的综合性公立学校教育，提供可供选择的多用途课程，而不是“象牙之塔”式课程。美国许多大学校长，如密歇根大学的塔潘（Tappan）、芝加哥大学的哈珀（Harper）、斯坦福大学的约顿（Jordan）等人，都主张在中学与传统大学或学院之间设置一个中间层次，类似德国的预科，将其改造为结合美国国情的初级学院。于是，20 世纪初，美国先后建立了一批初级学院。如表 1-1 所示，1901 年至 1920 年，美国已建立起社区学院 148 所。

表 1-1　1901—1920 年间美国初级学院的成立情况①

年份	公立初级学院	州教育组织	私立教育组织	总数
1901	—	—	1	1

① KOOS L V. *The Junior College* (Volume I) [M]. Minneapolis, MO: University of Minnesota, 1924: 2.

续表

年份	公立初级学院	州教育组织	私立教育组织	总数
1902	1	—	—	1
1903	—	—	1	1
1904	—	—	1	1
1905	—	—	2	2
1906	—	—	1	1
1907	—	—	6	6
1908	—	—	2	2
1909	—	—	4	4
1910	—	1	5	6
1911	1	5	3	9
1912	—	—	6	6
1913	2	1	10	13
1914	1	—	8	9
1915	7	2	8	17
1916	6	2	14	22
1917	3	2	11	16
1918	4	—	7	11
1919	4	2	4	10
1920	4	2	4	10
合计	33	17	98	148

到1922年时，美国初级学院已增至207所，且数量还在继续增长。初级学院作为中学的延伸，为即将转入大学的学生提供基础课程，并在这一时期形成了一些具有独特性的特征，比如实行开放入学、学费低廉等。1920年，美国初级学院协会（American Association of Junior Colleges）成立，成为美国社区学院发展史上的一个重要事件。它为社区学院的发展与改革提供了强大支持。

“二战”结束后，美国迎来了社区学院的大发展，院校数量与学生规模迅速扩充，女性学生、少数族裔学生的比例也有了较大程度的提高。正如有学者所指出的“因为美国联邦、州及地方政府越来越重视发展社区学院，此外，美国五六十年代的大学招生数量急剧增加，教育工作者、家长、学生以及普通大众日益意识到它的特殊功能和优势，因此，20 世纪五六十年代，社区学院尤其快速发展。自 1955 年至 1965 的十年间，美国各地方差不多每个星期创办 1 所新的二年制学院……不仅在总的数量上迅速发展……规模和职能也不断扩大，课程与专业的数量在不断地增长，而学生的构成也在发生着改变。”①到 20 世纪 60 年代，美国初级学院的课程日益繁多，其中包含技术教育、职业教育、社区教育以及补习课程等，由于初级学院逐渐与社区产生紧密的联系，后来名称也变更为“社区学院”，从而可以满足不同年龄甚至不同背景的市民对于教育的各式各样需求。民众们也普遍认可了教育机会平等可以通过社区学院的发展壮大来实现。到了 1961 年，美国两年制公立社区学院总数达到了 678 所，在校学生 75 万人。②

最开始，美国社区学院的发展对加拿大高等教育始终没有造成实质上的影响。从历史发展看，英国学校体系深深影响了加拿大的教育，在加拿大小学与中学、中学与大学有明显的界线，民众对于“预科”也持有不认可的态度。在加拿大的教育观念中，学科题材的安排是按照价值观的等级分布的，如英国文学或数学等基础学科内容作为大学和社区学院的主要课程，而实用的学科如造纸或枪炮铸造之类则没有引起重视。因此，高等教育的大门只能向那些具备接受学术（学科）内容的能力的学生开放。加拿大人的教育观念直到 20 世纪 50 年代末才

---

① 毛澹然．美国社区学院［M］．北京：高等教育出版社，1989：33-34.

② THELIN J R. *A History of American Higher Education*［M］. Baltimore: Johns Hopkins University Press, 2004: 51-53.

发生重大变化，认识到教育要适应时代发展的新需要。①

究其原因，“二战”后美国社区学院的发展显然对加拿大社区学院产生了良好的示范作用。由于美国社区学院很好地解决了入学人口激增、培养职业实用人才等传统大学难以解决的问题，而这些问题恰恰又在困扰着加拿大的高等教育。在此背景下，借鉴美国社区学院的发展经验，自然成为加拿大高等教育的不二之选。在“二战”后的一段时间里，加拿大各省份都基本上按照美国模式建立了自己的社区学院，美国社区学院的示范、影响作用得到充分体现。

四、联邦与省级政府高等教育政策的调整

“二战”后，加拿大社区学院得到初步发展，是多种因素综合作用的结果，但加拿大联邦政府与省级政府相关支持政策的颁布作用不言而喻。一方面，随着数量巨大的退伍军人相继进入高等院校学习，加拿大联邦政府设立了退伍军人事务部，为保障进入大学的退伍军人能够顺利完成学业，向他们提供学费与生活津贴。联邦政府于 1945 年做出决议：每一所大学接受一位老兵，政府将提供 150 加元的资助。另一方面，随着高等教育世俗化和大众化的发展，联邦政府和各省政府加大高等教育经费支出，解决大学和社区学院经费不足问题。自 1951 年 6 月起，联邦政府就拨款给各高校（无论公立还是私立），并根据每个省份的人口数量，为各高校提供 50％的运营费用。在高等教育开支增加后，政府的拨款比例也从 1956—1957 年度的 1 加元/人，增加到 1958—1959 年度的 1.5 加元/人。之后，在 1962—1963 学年，这一款

① BRAWER F B, COHEN A M. *The American Community College*［M］. San Francisco：Jossey-Bass Publishers，1996.

项已增加到2加元/人，为加拿大的高等教育发展奠定了坚实的基础。①

(一)“一战”后退役军人培训就业政策提供经验

加拿大联邦政府对退役军人的再就业培训始于“一战”后。“一战”后期，随着加拿大军人伤亡数量的快速上升，联邦政府承诺对参战军人战后的康复和再就业问题给予相应补偿。这样一来，联邦政府在教育和医疗领域的投入事实上就分担了本属各省政府的职责。联邦政府的承诺为后来其对各省社区学院发展提供资金和政策支持提供了事实和法律上的依据，也成为后来联邦政府为全民提供医疗和教育保障的政策基础。加拿大法律规定任何人不会因为参战服役而失去工作。但是实际情况是很多军人服役前并没有工作或者退役后发现原来的工作已经不适合他们。因此，联邦政府推出了很多退役军人就业项目。联邦退役军人事务部为大约8万名退役军人提供了职业培训项目。

“二战”结束后，加拿大联邦政府在1945年通过了专门帮助退役军人接受职业培训、重返社会和就业的《退役军人再安置法》(Veterans Resettlement Act of 1945)。这部法律涉及退役军人就业、培训和生活保障的各个方面，其中联邦政府资助退役军人接受大学教育和职业培训是其中重要内容之一。退役军人事务部通过战时设立的一个职业培训机构(Institution)来实施退役军人安置法规定的对退役军人的就业培训。退役军人事务部通过退役军人大学培训咨询委员会(Advisory Committee on University Training for Veterans)来实施退役军人的大学教育问题。该委员会的工作得到了加拿大全国大学理事会(National Council of Canadian Universities)的支持。

联邦政府与大学合作安置退役军人再培训的计划取得了积极效果。到1951年3月31日，共有8万余名退役军人接受了职业培训，5.4万

---

① 格兰·琼斯. 加拿大高等教育：不同体系与不同视角（扩展版）[M]. 林荣日，译. 福州：福建教育出版社，2007：13.

人的大学教育获得了联邦政府的资助。在1947—1948学年，接受退役军人人数最多的多伦多大学里有49%的学生是退役军人。在1949—1950学年，退役军人学生数占全加拿大大学生总数的21%。联邦政府为退伍军人上大学提供了学费和生活费。录取退役军人的大学同时能获得联邦政府的资金支持用以扩建大学。通过这些措施，“二战”后加拿大很快培养出一大批专业人才，同时也迅速提高了全加拿大的学术与技术素质。这些都为社区学院的出现和发展提供了宝贵的人才和基础设施。① 而后来加拿大社区学院的发展也一再证明如果没有前期大学的发展方向调整和政策累积，就很难实现社区学院的发展目标。

（二）“二战”后相应财政配套保障政策出台

得益于《退役军人再安置法》提供的联邦资金支持，战后加拿大大约有5.4万名退役军人进入大学学习。一时间，很多高等教育机构疲于应对，人满为患。不列颠哥伦比亚大学甚至在校园里搭建了370顶军用帐篷作为教室和学生宿舍。由于很多退役士兵急于完成学业，寻找就业机会，很多大学都加快教学安排以便学生尽快毕业。

“二战”期间及战后退役军人向大学的大规模急剧涌入，深刻影响到加拿大高等教育机构和政府之间的关系。政府对大学资金的支持导致一些大学由私立转变为公立。在1941—1951年间大学入学率70%的增长中，仅仅1945—1946年退役军人进入大学就做出了42%的贡献。入学率增长给大学带来的压力让大学更为积极地寻求来自政府的资金支持。各省政府也在联邦政府的补贴下大幅度提高对大学扩张的资金支持。在面对公众对高等教育的巨大需求时，政府的做法是增加对现有机构的投入，而不是设立新的高等教育机构。大学在向退役军人敞开大门的同时，也向普通工薪阶层子弟敞开了大门。这使得公众对大

① Government of Canada, Veterans Affairs Canada. *Reference Paper. The Origins and Evolution of Veterans Benefits in Canada 1914-2004* [M]. Ottawa: Veterans Affairs Canada, 2004: 167-168.

学教育的需求更加旺盛，入学率随之进一步提升。在此情景下，高等教育已成为政府面对和处置社会问题的重要工具，政府资金投入亦成为高等教育发展的重要资金来源。这种政府对高等教育持续投资的模式从战后开始一直持续了将近20年。“二战”后，联邦政府对高等教育的支持直接推动了高等教育的世俗化和大众化进程。《退役军人再安置法》的出台，从根本上说是教育民主化、普及化的重要体现，其目的是保障适龄人群的就学权利，这对“二战”后加拿大高等教育的迅速发展起到了重要的促进作用。

表1-2 “二战”后接受高等教育的退伍军人人数统计①

年份	注册学生数	退伍军人人数	比例
1943—1944	35 132	68	0.2%
1944—1945	38 516	5 004	1.3%
1945—1946	61 861	20 000	32.3%
1946—1947	76 237	34 000	44.6%
1947—1948	79 346	29 600	37.3%
1948—1949	75 807	21 800	28.7%
1950—1951	64 036	6 126	9.5%
1951—1952	59 849	24 644	41.1%

（三）各级政府对高等教育发展予以立法保障

加拿大没有国家统一的高等教育行政管理系统，它拥有的是一个以各省及地方政府为主体、联邦政府为方向引导的法治系统。在联邦初建之时，加拿大就已在《1867年宪法法案》中对各省负有发展教育的主要职责这一事宜做出了明确规定：“各省及区域议会可以自行制订

① HARRIS R S. *A History of Higher Education in Canada*: *1663-1960* [M]. Toronto: University of Toronto Press, 1976: 456-457.

本辖区内的教育条例”，把高等教育发展的任务交给省级政府。但从加拿大高等教育的发展历史来看，特别是从战后至20世纪60年代的发展历程可知，联邦政府发挥的作用并不小，甚至还扮演了十分重要的角色，特别是在对社区学院发展的相关立法和资助力度上，已经远远超过了省政府的作为。

保罗·艾克谢罗德在谈到当时安大略省的情形时指出：“在1945年到1960年之间，安大略中学后体系的实际变化，并没有那么深刻……公共开支仍然受到一个节俭的（省）政府的限制，而这一政府对公路建设的兴趣，比受高等教育更有吸引力。”[①] 当然，省级政府的态度也在逐渐发生着变化。到20世纪50年代后期，各省政府开始尝试成立一些咨询机构（如安大略省大学事务委员会、魁北克省皇家教育咨询委员会、大不列颠哥伦比亚省麦克唐纳教育规划委员会、纽芬兰省教育与青年皇家委员会等），其目的是为各种不同的高校和院校越来越多的公共政策问题提供指导。这些咨询机构开展了一系列针对高等教育现状的调查，并为“二战”后加拿大各省的高等教育发展提供有益的建议和意见。

但在这一时期加拿大社区学院的发展中，联邦政府无疑发挥了更加重要的影响。联邦政府在很久以前就认识到职业技术教育的重要性以及扩大就业机会与经济发展的紧密联系，为此，力主推进职业技术院校的发展。早在1910年，为促进职业训练的发展，联邦政府就设立了皇家工业和技术教育委员会。《技术教育法案》于1919年颁布，规定了联邦政府和省级财政在发展技术教育中的分工与联系。1951年，联邦政府决定从该财政年度开始，向全国所有的大学和学院直接拨款每人0.5加元。[②] 从而为高等教育及职业技术教育的发展提供了可靠的资

① 格兰·琼斯. 加拿大高等教育：不同体系与不同视角（扩展版）[M]. 林荣日，译. 福州：福建教育出版社，2007：146.

② 侯建国. 加拿大高等教育改革与发展 [M]. 北京：高等教育出版社，2006：53.

金保证。

那么，联邦对高等教育的拨款资助，是否会被视为侵犯省属法定教育权限呢？事实上，当联邦政府接受了梅西委员会（Massey Commission）的建议，并在1951—1952财政年度直接向全国大学和学院拨款（拨款额度为每人0.5加元，按各省总人口数下拨）时，魁北克省政府便第一个站出来反对。在实施联邦拨款的一年后，魁北克省的大学在该省政府部门要求下，禁止接受联邦政府的继续拨款，从而致使这些大学陷入了财政困难。这一问题在1959年以一种迂回的“向外承包”和“财政转移支付”[①] 的方式得到解决。根据“等量迁移”原则，魁北克省通过降低联邦税率，增加收入来资助该省大学和学院的发展，即联邦政府不再直接将经费划拨给大学，而是通过让渡一定的税收给省级政府，将等额的款项转移到省政府名下，由省政府来完成对大学和学院的资助。且在20世纪五六十年代，联邦政府为各省高等教育提供的经费逐年增加，从1951—1952年度的0.5加元，增加到1958—1959年度的1.5加元。联邦政府以其财政支持为各省提供了更多的高等教育机会，加速了加拿大高等教育的发展。

---

① “向外承包”是对税收制度运用的一个创新范例。这种向魁北克省的“财政转移支付”方式，最初是通过降低该省联邦法人所得税的大约1%来实现的。如此，在没有增加魁北克省内法人的税务负担的情况下，允许省政府通过相应增加省税而获得等量收入。根据“等量迁移”原则，魁北克省通过这种“降低”联邦税率而增加的收入，每年都进行调整，使它能够与原先联邦政府按照人均分配公式计算的、应下拨给魁北克各院校的经费总额完全吻合。

第二节　先驱省份主导下加拿大社区学院的初创

一、阿尔伯塔省创办社区学院的率先尝试

1957 年在阿尔伯塔省建立的莱斯布里奇学院，一般被认为是加拿大的第一所公立初级学院。在开通阿拉斯加公路以及莱达克油田的储量被发现后，石油业日渐兴旺发达，更是促使了工业的繁荣发展，使得多年来以农业为主的阿尔伯塔省也大大增加了对技术和技术工人的需求。由于学生入学人数的迅速增长，位于埃德蒙顿的阿尔伯塔大学设立了一所分校，主要面向广大退伍军人的职业训练中心也在该省 5 个地区相继设立了受联邦资助的专业，类似的情况还有原来的卡尔加里技术学院也增加了专业种类的设置。尽管增加了院校设置，还是无法满足相当旺盛的入学需求。20 世纪 50 年代末中学巩固率不断提升，中学毕业生大幅增加，他们普遍要求获得接受中学后教育的机会。与此同时，社会舆论也希望通过扩大中学后教育来改善教育，促进就业机会的民主化。在各方呼吁之下，新型的高等院校应运而生。

当时，莱斯布里奇市商会中的教育委员会主席彼得森（G. C. Peterson）邀请美国华盛顿州立学院的马托兰纳（S. V. Martorana）教授帮助其展开了若干有关社区的调查，他建议社区可以根据自身需求建立一所学院。马托兰纳发现目前阿尔伯塔省现有的农业、技术和工艺学院所提供的课程内容、种类都非常有限，莱斯布里奇地区的中学后教育招生计划也极为缺乏。因此，马托兰纳借鉴美国华盛顿州社区学院，提出了在当地建立社区学院的建议。根据马托兰纳的建议，新建的学院应该提供综合性的课程，包括类似大学的基础课程、实用类课程、复习和预备课程、社区所需的各类技能课，尤其是要考虑到满

足全日制成年学生的需求，还要为兼职学生的学习提供方便。马托兰纳建议，实行在现有中学学制基础上增加一个年级，即第十三年级。他的建议也得到了学校管委会以及社区团体的认同，他们积极地提出建立一所社区学院的倡议，受到了阿尔伯塔大学校长和省教育部门负责人的鼎力相助。1955 年，各方开展了首次讨论，提出了很多高等教育改革方案，其中一项就是建立一所附属于大学内的两年制初级学院，主要开设学术性课程。但是省教育部长则认为，建立一所设置职业课程及大学转学课程的学院才有可能获得公费资助。在经过慎重的讨论之后，阿尔伯塔大学附属的莱斯布里奇学院在 1957 年 4 月成立，并在第二年秋天得到了批准。

莱斯布里奇学院的出现推动了 1958 年阿尔伯塔省《公立初级学院法案》的制定。法案明确了学院的主要功能，同时强调了阿尔伯特大学对学院发展应承担的职能和义务。法案规定，在学院教授大学相应课程的教师，都需要通过大学的审批和审核，学生入学的条件也要符合大学基本要求，学院的经费来自地方的税收、学费、省和联邦的财政预算拨款，学院管理由社区的学院管委会指定成员组成的委员会负责。《公立初级学院法案》还就发展公立大学（包括行政机关和资金来源）制定了政策。1959 年的《英国教育委员会报告》① 和 1961 年的《高等教育委员会报告》都提议由地方政府选出的议会来处理学校事务，增大学校的自治权，扩充学校的功能，减小省政府的影响。

二、其他先驱省份创办社区学院的实践

在阿尔伯塔省率先开办社区学院之后，加拿大其他省份也陆续效

① 许建美. 教育政策与两党政治——英国中等教育综合化政策研究（1918—1979）[D]. 上海：华东师范大学，2004.

仿，根据本省实际开始尝试创办此类院校，其中较具代表性的省份包括安大略、萨斯喀彻温、不列颠哥伦比亚等省。

（一）安大略省

在加拿大的战后经济转型中，安大略省可谓最大的受益者。“二战”结束后，安大略省很快实现了国民经济的转型，随着国民经济结构的改变和工业类型的多样发展，非军事化的特点突出，对于技能劳动力的需求也迅猛增加，这成为推动该省社区学院兴起和发展的强大推动力。1946 年湖首技术学院的创办和 1948 年赖尔森技术学院的创建，都是安大略省政府为加快职业技术人才培养而进行的尝试。1956 年，湖首科技学院的办学规模已经达到了与大学同等的水平。此后安大略省经济持续增长，对技术、职业教育人才的质量提出更高层次的要求。安大略省教育大臣威廉·戴维斯（William Davis）曾宣称：政府打算建立一种新的教学组织，名为应用艺术及技术学院，设置了综合中学后技术与职业教育训练、学徒训练、技能训练计划等。应用艺术及技术学院举办之初并没有设置学分转换的课程。学院创办者认为，设立此类社区学院的出发点是普及高等教育，为更多的人提供高等教育机会，满足本地经济对劳动力的需求；而学分转移课程的开设有沦为大学附属品的趋势，而没有达成预期的目标。安大略省应用艺术与技术学院自创办起就发展迅猛，这些学院在原有的技术学校、培训中心的师资、教学设施和新建教学大楼的基础上，开设了内容广泛的各类特色课程，此外还招收了（与全日制学生）数量大致相当的兼职学生，① 为安大略省的地区经济发展培养了大量适用的职业技术人才。

（二）萨斯喀彻温省

萨斯喀彻温省拥有广阔的草原，“二战”结束后，该省农业生产活

---

① JONES G A. *Higher Education in Canada: Different Systems, Different Perspectives* [M]. New York and London: Garland Publishing, 1997: 146-147.

动逐步恢复，同时经济也呈现多元化发展。为了提升该省农村生活质量，省政府于 1956 年建立皇家农业与农村生活委员会（Royal Commission on Agriculture and Rural Life），对农村社区状况进行考察并提出改善的建议。该委员会在萨斯喀彻温大学贝克（W. Baker）博士的主持下，提出了一份有关改善农村生活的报告。该报告从调研实际出发，着重突出了继续教育的作用，建议加大投入，将更多的学校设施设备投入于成人教育，大学来负责对成人进行专业指导。

该委员会的报告对萨斯喀彻温省其后 10 年高等教育尤其是社区学院的发展产生了深远影响。1958 年，穆斯乔师范学校被改造为萨斯喀彻温技术专科学院（Saskatchewan Technical Institute），承担中学后职业培训的任务，设置了很多商业和技术课程，为经济发展培养急需的技术人才。随着联邦《技术和职业训练支持法》的制定，萨斯喀彻温省政府充分利用联邦经费资助创办了萨斯喀彻温中心技术学院，开设课程培养各行业的学徒，包括助理护士、厨师、手工艺人和农场机械工等。此后该省又建立了第三所技术学院，在韦本和阿尔伯特王子城两地也兴建了职业教育中心。

萨斯喀彻温省的社区学院与其他省份的不同之处在于，它归属该省继续教育部，主要由地区负责管理。学院以签订合同的方式来规范教学活动，包括租用教学设施、开设哪些课程，等等。学院专职教师数量有限，大多情况下聘请其他院校的教师兼职授课，因此，这些学院可谓教育服务的中介或经纪人。这一“中介模式”在当时是一种非常新颖和大胆的改革。通过这些学院，萨斯喀彻温省增加了农村地区居民接受高等教育的机会，弥补了当时位于城市的大学和技术学院无法向农村居民提供入学机会的缺陷。

（三）不列颠哥伦比亚省

1932 年，诺特（Knott）在一篇题为《不列颠哥伦比亚省初级学院》的论文中为该省设计了一套社区学院设置方案。① 尽管诺特的方案是按照美国加利福尼亚州立学院系统来设计的，但他的设想在很大程度上在后来不列颠哥伦比亚省社区学院的发展中得到了实践。诺特在该文中强调应该设立兼顾学术教育和职业教育的中学后学习项目。在诺特看来，不列颠哥伦比亚省应当设立初级学院来应对学生辍学的问题。文中的数据显示，1926 年到 1930 年上九年级的学生中，只有 44% 能坚持到毕业，辍学率极高，而美国加州同期的辍学率只有 6%。诺特认为美国加州的初级学院制度的导向性效果非常明显，为高中毕业生提供了继续学习的机会，让不愿意或不能继续进入大学深造的学生有机会接受就业技能培训。

“二战”后，在诺特（Knott）办学思路的引导下，初级学院的设立为不列颠哥伦比亚省的教育带来了积极的改变：学校辍学率下降，十三年级学生入学率迅速升高，这使得学区和社区机构不断要求政府为公众提供更多教育机会的呼声持续增强。不列颠哥伦比亚省政府对此需求的回应虽未及时，但最终还是采取了相应措施解决这一问题。1958 年，《公立学校法案》（Public Schools Act）得以修订。② 该法案允许设立两种中学后教育机构，一种是由政府组织的，一种是由学区负责的。该法案授权公共教育理事会（Council of Public Instruction）设立、维护和运营附属于不列颠哥伦比亚大学的学区学院。这种学院可以按照自己的需要开设课程，同时可制定本学院的相关规章。立法要求新设学院附属于不列颠哥伦比亚大学的目的就是要依靠大学来保证这种新的非大学高等教育机构的学术水平。因为公众会认为大学能保证这些新设的学区学院的学术质量。立法修改后，基洛纳学区启动了

---

① DENNISON J D, GALLAGHER P. *Canada's Community Colleges: A Critical Analysis*[M]. Vancouver: University of British Columbia Press, 1986: 23-28.

② DENNISON J D, GALLAGHER P. *Canada's Community Colleges: A Critical Analysis*[M]. Vancouver: University of British Columbia Press, 1986: 23-28.

一系列研究来探讨设立新学院的可行性。这些研究从学生入学、公共利益、运营、费用以及当地对中学后教育的需求等方面进行了细致深入的调查与探究。

（四）其他省份

除了上述典型省份进行了创办社区学院的最初尝试之外，加拿大还有几个省份也做了积极、有益的探索，这里再举出几个例证，以反映加拿大社区学院兴起时期的概貌。爱德华王子岛的情况和其他省份情况基本相似，公众是在“二战”后才将职业培训视为中学后教育的一部分。向退役军人提供职业培训的需要推动威尔士王子学院（Prince of Wales College）增设了一个特别职业培训部门。1948 年，该部门拓展了服务对象范畴，开始对退役军人以外的民众提供服务，这一实践为该地区社区学院的发展奠定了基础。

在曼尼托巴省，1942 年被视为中学后教育新时代的开始。该省很早就拥有大学教育，一定类型的职业教育也有提供，但一般是附属于现有的高中课程之中。真正推动曼尼托巴省高等职业教育发展的是 1942 年联邦政府通过的《职业培训协调法》（Vocational Training Coordination Act）。该法案确定了在建立职业训练机构时联邦和各省的财政分配安排。联邦政府也是通过该法案向省级政府支付专门用于培训退役军人和失业人员的经费。虽然联邦政府向省级政府支付了培训费用，但是该法案没有否认省级政府在教育上的权利和义务。在联邦资金的支持下，曼尼托巴省政府对执行该法案带来的好处表现出了极大的热情。第一批学生很快就注册了战争紧急培训课程。“二战”结束后，大批退役军人涌入相关职业培训课程，开始了他们重返社会生活的职业准备活动。1948 年，曼尼托巴省在温尼伯（Winnipeg）设立了曼尼托巴技术学院（Manitoba Technical Institute）作为曼尼托巴省第一所永久性的中学后职业教育机构，为社区学院的建立和发展提供了实践准备。①

在纽芬兰省，职业教育培训“二战”后开始出现。纽芬兰政府退役军人安置委员会建议设立职业培训机构，为退役军人提供必要的职业技能培训。1946 年成立了专门的退役军人职业培训学院，为退伍军人提供 9 项专业技能训练，原本学院预定于 1948 年完成使命后关闭，但是在公众的压力下，学院继续运营到了 1949 年。而在 1949 年，加入加拿大联邦的纽芬兰得以有资格获得来自联邦政府拨付的职业培训资金，此后在 1950 年和 1951 年，纽芬兰省政府和联邦政府签订了职业培训协议，纽芬兰省的职业培训项目开始获得联邦的资金支持，这为该省社区学院的建立做了前期准备。

第三节　加拿大社区学院初创时期的成效与不足

加拿大社区学院的初创，适应了当时经济社会发展的需求，尤其是“二战”后经济快速恢复、产业结构调整、对人才素质的要求以及退役军人和一般民众技能提升的需求。联邦和各省政府及时捕捉到上述需求，做出了积极应对，许多有识之士在此过程中进行了准确预判和研究，并做了有效的呼吁和推进工作，最终促成了社区学院这一新型高等教育形式在加拿大的初创。虽然蹒跚起步的社区学院存在种种不足，但是作为新事物，却包含着鲜活的生命力与动能。社区学院在加拿大的出现是高等教育与经济社会发展的一次良性互动，堪称加拿大高等教育史的重要里程碑。

① 安妮·迪米德. 加拿大曼尼托巴省可持续发展教育和优质教育 [J]. 世界教育信息，2015，28 (6)：23-24.

一、社区学院初创时期的成效

（一）社区学院办学机制初步建立

不管是退役军人培训还是一般民众的技术技能培养，社区学院都以实用型、技能型、实践型课程为主。这就与传统大学的学术性、学科化、系统性课程体系形成鲜明对比。加拿大社区学院所承担的功能是多样的，这决定了其课程模式的多样性。依据各省经济、社会发展的状况，其社区学院所承担的功能各不相同。[①] 如在阿尔伯塔省，20 世纪 50 年代末出现的初级学院大多作为大学的附属，重视转学课程的开设，教学计划由大学制订；而职业技术教育的功能则由公立技术学院完成。在安大略省，社区学院估计可以为 80%没有上过大学的青年提供高中后教育。在魁北克省，社区学院被认为是 3 个层面的教育结构（小学、中学、大学）中不可或缺的一部分。在社区学院建立、发展的过程中，各省对其所应承担的功能也进行了不断探索、争论。

在“二战”中及战后，加拿大各级政府通过一系列政策措施，推动教育的快速发展，教育经费投入和在校学生人数都有较大幅度的增长。[②] 加拿大的社区学院作为传统大学形式的补充应时而生，在这一时期也得到了蓬勃发展，在加拿大高等教育体系中逐渐占据了举足轻重的地位，同时也成为加拿大高等职业技术教育的主体构成。社区学院之所以能发挥如此重大的作用，与地方经济和社区生活紧密相连，是因为它是一种综合多功能的面向社区、服务社区的教育机构。它是高

---

① CAMPBELL G. *Community Colleges in Canada* [M]. Toronto, New York and London: Ryerson Press, 1971: 71.

② 贺国庆，朱文富，等. 外国职业教育通史（下卷）[M]. 北京：人民教育出版社，2014：164.

等教育的一种新形式，代表着高等教育拓展、变革的新趋势。①

加拿大社区学院发展的早期阶段，以扩大入学机会、满足地方经济社会发展需要为主要宗旨，基本不授予学位。从城市到乡村，加拿大社区学院的社会服务性质有着很大差异，这些差异是由学院所在地区的经济类型和工业化程度决定的。大多数社区学院的性质都是公共的、开放的，由联邦和省政府资助。

在课程开设与教育功能方面，加拿大社区学院提供 1 年、2 年或 3 年的学习课程。不同类型的社区学院在职责和功能上存在着差异，所开课程也各具特点。总体看来，加拿大社区学院提供的课程（或服务）包括这样几种类型：一是开设大学学分专业课程或预科课程，为学生转入大学继续学习提供便利；二是开设工农业、渔业等行业的技术培训课程，为毕业生未来就业提供便利，或为其提供再培训；三是开设继续教育课程，以日课或夜课的形式满足不同年龄阶段成人（或兼职学生）的教育需要；四是开展就业咨询服务，提供职业生涯规划指导，帮助学生择业。除此之外，加拿大社区学院还提供其他教育服务，如为参与社区文明服务的团体提供帮助。加拿大不同地区、不同类型的社区学院所承担的功能虽存在差异，但办学的灵活性是加拿大社区学院的重要特征。加拿大社区学院是一类具有自主办学性质的学校，它实行免费入学制度，面向所有年龄段的学生，并为其提供各类所需的教育服务。社区学院收费低廉，甚至没有任何费用，这为更多学生提供了学习、进修的机会。社区学院注重技术教育和咨询服务，因此，在选择师资时，相对于学历而言，更注重其专业技能和技术，以满足地区经济发展、社区发展和学生发展需求。② 1960 年，加拿大联邦议会通过了为各省技术和职业培训教育拨款的《技术与职业培训资助法

---

① 曾子达．加拿大社区学院［M］．北京：北京大学出版社，1994：54-59.

② 侯建国．加拿大高等教育改革与发展［M］．北京：高等教育出版社，2006：85.

案》，指出初级学院和技术学院这两类公立社区学院在功能上相互弥补，提供了广泛的教育深造科目与课程，从大学专业科目到农业教育、艺术教育、职业教育科目、生涯教育等，满足了学校所在社区（地区）的各类教育需要。

在管理模式和运作方式方面，与加拿大的大学通用的管理模式不同，社区学院没有统一的管理模式。各省社区学院管理机构的结构和运作方式各不相同，主要可分为两种类型：一种不设具体的学院董事会，社区学院由省政府直接管理；另一种通过由当地居民组成的董事会（管理委员会）来实施决策，形成了以社区为基础的强有力的决策传统。董事会有选任院长，制定学院的发展目标，筹措办学资金，制定学院预算方案等职责。此外，董事会也负责学院招生就业、课程设置、人才培养、教学设备采购、物资储备等问题。学院董事会的成员全部由本社区产生，分别为地方官员、社会知名人士、企业家、学院教师和学生代表（在某些省份，教师和学生参与学院管理是 20 世纪八九十年代后才出现的）组成，数量一般是 11—19 名。董事会在为学院筹集经费、加强学校与社会交流与沟通中起到了很重要的作用。

（二）作为新型高等教育机构获得各界初步认可

社区学院作为一种新型高等教育机构存在的事实，逐渐为社会各界所接受。

首先，体现在社区学院获得联邦政府拨款方面。加拿大皇家协会于 1951 年在渥太华举行会议，提议按照各省的人口比率为其提供经费以支持高校的发展，通过省政府与各高校的磋商，政府将根据高校的学生数量进行拨款；同时，联邦政府要加大对高校的经费投入，保证大学的日常教学工作，使之符合高等教育发展；加拿大所有大学联合会成员都有获得联邦政府资助的机会。联邦政府迅速做出反应，同意拨款 700 万加元，按照各省的人口比率，将其分配到各个省份，再分配到各所院校。加拿大大学联盟在 1956 年 11 月举行大会，总理圣劳伦特参加了这次大会，并承诺将拨款1亿加元，其中5 000万加元是学校的日常开销，另外5 000万用于发展人文与社会科学研究的费用。而这些经费并非仅仅拨付给大学层次，事实上，加拿大的大学和学院经费支持的主要来源均为政府的资助，此外还有学费和私人捐赠等。

充足的财政拨款使得社区学院在发展过程中也得到了较强的资金保障。联邦政府的财政拨款，引导中学后教育机构积极接受退伍军人再教育，满足普通民众教育需求，这加快了高等教育世俗化与大众化的步伐。社区学院也在此期间适时地确立了自身的办学定位，与大学错位发展，分担大学的招生压力，以自身特色优势受到社会认可，并在接下来高等教育发展的黄金时期如雨后春笋般地发展起来。加拿大大学和社区学院在1967—1968年的在校学生数量是1951—1952年的4倍，比1945年增长了5.15倍，而全日制毕业生则是1951—1952年的7倍，为2.4万名。另外，加拿大大学的兼职学生数量也有了明显增长，从20世纪50年代中期的1万多名增加到了1965—1966年的7.3万名。

其次，在这一时期大学对于其他中学后教育机构提供一些类似大学的课程未提出过多反对意见，这也为上述省份社区学院的早期探索留出了较大空间，客观上促进了社区学院这一高等教育新形式的诞生和早期发展。

再者，在目睹“二战”退役军人进入大学学习的热潮之后，加拿大民众也逐渐开始将高等教育视为推动经济、社会发展和获得个人幸福、成功的重要手段。这一广泛的高等教育观念的转变及随之而来的巨大需求，增强了各省创办社区学院的需求和动力，使得社区学院能够立足自身特色，逐渐成为中学后教育的一种新样态。社区学院在加拿大社会生活中发挥着积极重要的作用，这已为加拿大社会各界人士所公认。

二、社区学院初创时期存在的不足

(一) 社区学院的角色、功能尚不明晰

在加拿大，大学的传统使命是人文教育和学术研究，不是技能培训。因此，大学无法有针对性地快速为经济社会发展提供普通技术人才。社区学院的成立，旨在为地方社会和企业的发展提供服务。而这也造成了基于受到政策、财政资金的支持以及自身明确的服务取向，使得政府对社区学院的控制要远高于对大学的控制。与大学相比，社区学院的发展也更经常受到政府和经济政策的影响。① 这就导致社区学院享有的学术自由要远低于大学。② 且从某种程度上来说，社区学院的身份定位经常在大学与职业技术培训机构之间摇摆不定。一个常被问及但无法得到准确答案的问题就是：社区学院是按照大学的模式发展还是按照社区的需要发展？大学的自治决定了大学可以自主决定自身重要事务，较少受社区和政府的影响。而社区学院的称谓便决定了其无法同大学一样行事，必须考虑社区的需求。社区学院在很多方面不具备大学所具备的自主性和独立地位。同时，社区学院在早期发展中一般不颁授学位，只给毕业生颁发文凭，而对于与大学有合作关系的社区学院，有些省的教育主管部门则允许给符合条件的学生颁发相应的学士学位证书。这或可视为社区学院早期发展中角色功能定位不够

---

① MCMORDIE M, BRUNEAU W, SAVAGE D C. *Counting Out the Scholars: How Performance Indicators Undermine Universities and Colleges*[J]. History of Intellectual Culture, 2004(1): 104-107; HAYNES B. *Globalisation and its Consequences for Scholarship in Philosophy of Education*[J]. Educational Philosophy and Theory, 2002, 34(1): 103-114; LEVIN J S. *The Revised Institution: The Community College Mission at the End of the Twentieth Century*[J]. Community College Review, 2000, 28(2): 1-26.

② LEVIN J S. *Globalizing the Community College*[M]. New York: Saint Martin's Press Inc, 2001: 121-122.

明晰的重要表现。

（二）社区学院的办学、管理模式仍需探索

尽管加拿大社区学院在初创阶段取得了一些成效，但仍存在许多关键性问题，如加拿大的高等教育界对学校董事会的职能、职业技术课程和综合课程的选择、企业在社区学院的教学设计和学习目的确定中的参与、省内社区学院和其他省份的社区学院的合作关系以及社区学院在开展教学之外的社会责任等问题上存在分歧与争议。

关于社区学院的课程设置，争议的焦点在于，社区学院是否要开设两类课程，既可提供学分转换课程，方便学生进入大学继续深造；也可以安排专业训练，为学生就业做好准备。多伦多大学比斯尔教授（Professor Bissell）认为，社区学院可以开设专门技术专业和课程，却不宜效仿大学，且要有很强的专业技术倾向。比斯尔的这一提议很大程度上是由于加拿大缺少适当的教师，他反对采用美国社区学院的模式，主张加拿大应该发展工艺学院和技术学院以适应地方发展和社区发展的需求。

约克大学校长罗斯却持相反意见。罗斯认为社区学院仅提供专业技术教育，这就意味着它把有能力上大学的学生拒之门外，也就意味着它将变成一个针对学习潜能不足学生的附属学校。他提出，社区学院应当向全体学生开放包含技术技能与学术两方面的课程，其中既包括毕业后想要就业的学生，也包括有意愿并有实力继续去大学深造的学生。如果没有一般课程的教学计划，社区学院就应该被称为技术学院。社区学院不能让有能力的学生失去继续学习的机会，而应当给他们更多的选择。罗斯的观点在加拿大有着广大的受众群体，他提出的综合培训在不列颠哥伦比亚、阿尔伯塔、魁北克等省的社区学院中进行。

在社区学院委员会的角色问题上，有一种长期存在的看法是：学院的董事会应当主要负责学院的管理，来契合社区学院成立是为了适应地方需要的初衷；还有一种看法则是，学院董事会不应该对社区学院进行控制。不列颠哥伦比亚大学的丹尼森教授是这一派别的代表，他认为，社区学院是一所独一无二的学校，它不是学校的延伸，更不是学校的补充与装饰。

上述有关社区学院相关问题的争论及不同观点，均表明这一时期加拿大社区学院在办学模式及管理模式上还处于探索阶段，有待进一步的探索与改革。

（三）政府对社区学院的重视程度有待提升

“二战”后加拿大社区学院的产生与初步发展虽受到政府政策驱动的影响，但总体而言，这一时期联邦政府对社区学院的重视程度并不高。其原因有二：一是政府只是从政策角度和资金投入角度保障公众接受高等教育的权利，并未充分考虑到高等教育所面临的突如其来的入学压力，当时高等教育世俗化和大众化尚处于起步阶段，政府与大学的关系还远未达到后来相对成熟的协作状态；二是政府没有充分预估“二战”后婴儿潮对高等教育的巨大需求。二者的叠加导致了战后初期阶段联邦政府没有在全国范围内倡导社区学院这种中学后高等教育形式，也从某种程度上反映出政府对社区学院的认识与重视程度的不足。当然这也与社区学院处于初创阶段，其蕴藏的巨大功能尚未充分显现有关。在随后社区学院的发展中，各级政府对其重视程度与支持力度显著上升。

第二章　加拿大社区学院的蓬勃发展

（20 世纪 60 年代初至 70 年代中期）

20 世纪 60 年代初，加拿大经济进入了新一轮发展周期，工业化进程加速，经济发展欣欣向荣，对产业工人的需求也进一步增加。同时，受高等教育大众化浪潮的冲击，加拿大高等教育从精英教育向大众化的转变步伐也明显加快，为此，政府出台一系列政策和措施，推动社区学院的发展，社区学院在大部分省区普遍设立，入学人数迅猛增长。伴随着办学规模的扩大，加拿大社区学院在办学类型、课程体系、学生录取与生源构成等方面均呈现出多样化发展态势，各省逐步探索各具特色的社区学院办学模式，使得社区学院服务经济社会发展的功能得到充分发挥。

第一节　加拿大社区学院蓬勃发展的背景

一、经济高速发展与产业结构调整提供的契机

加拿大的经济在 20 世纪 60 年代初期进入了一个新的循环。一方面，为了解决战后经济衰退带来的失业问题，就业培训成了联邦和各省政府的选择。另一方面，科学技术进步带来的产业革命需要更高素质的技术工人，而劳动者原有技能已无法适应产业发展的需要。

1961—1962 年，加拿大 18—21 岁年龄段青年的大学入学率仅为 12.2%，一些省份还远低于这一水平。这就使得为高中毕业生和成人劳动者提供新的技能培训渠道成为当务之急。总体而言，当时主流的人力资源理论学说普遍认为经济的持续发展、社会福利的提高都依赖劳动力掌握新的技术和知识。劳动力整体能力提高与整体的稳定性对区域和全国的经济发展都具有积极意义。

而加拿大经济发展的不平衡性决定了各省对熟练技术工人需求的不同。诸如安大略等工业发达的省份对技术工人的需求就要比以农业为主的中部省份和以渔业为主的临海省份强烈。这是造成各省社区学院呈现不同发展态势的重要因素。各省经济发展的差异性以及产业结构调整的不同取向，要求加拿大各地的高等教育机构在为不同行业领域培养各级各类高素质产业技术人才方面做出及时、灵敏的反应。加拿大各省经济和社会发展自身的不平衡与多样性特征，使得不同省份高等教育特别是社区学院的发展势必走上特色化、个性化的路径；另外，人口的大量增加（包括婴儿潮和移民潮）给加拿大社会带来了人口与族群的分层化、多类型特征，也对社区学院的人才培养提出了规模化、多样化的诉求。在上述多方面因素的共同推动下，20 世纪六七十年代加拿大社区学院的发展呈现出明显的规模急剧扩张、办学类型趋向多元的时代特征。

二、各级政府加速发展社区学院政策的出台

1867 年，《不列颠北美法案》明确了教育控制权不在联邦，而是由各个省份各自为政，发展、管理教育的权利与职责归各省所有。然而事实上，特别是 20 世纪中期以后，加拿大联邦政府通过立法和拨款等途径积极介入教育事业，尤其是联邦政府相关政策法案的颁布实施对这一时期社区学院的快速发展起到了推波助澜的作用。

由于20世纪50年代末加拿大的失业率很高，联邦政府于1960年通过并实施《技术和职业训练支持法》，在此项议案中，8亿加元将在10年内由联邦政府拨款使用，同时还将向各省拨付相应资金（联邦政府出资75%，省政府出资25%，用于基础设施建设，有时还可作为经常性开支）。此外，《成人职业培训法》《加拿大人力训练计划》等若干法律也使联邦政府的财政拨款总额大幅增加。1951年，联邦政府为支持中学后教育，向各省大学在校生每人拨款0.5加元；到1960年时，拨款已增加到每人1.5加元。1967年联邦政府通过了《联邦—省政府安排法》，高等教育经费的50%从联邦的税款中返还给各省，这就在很大程度上扩大了各省的高等教育经费使用空间。[①]

联邦政府大幅增加投入经费，推动各省为争取扩大高等教育机会的积极性和主动性。由于经济、历史、地理和社会文化等诸方面原因，各省在教育观念和改革方式上仍然存在一些差异，但积极发展社区学院却成为大部分省份在这一时期的共同选择。联邦和各省市不断地向社区学院提供资金支持，对社区学院的发展起到了巨大的推动作用。社区学院的快速发展获得了社区公众对这种非传统、非学术型高等教育形式的认同。最直接的证明就是公众在社区层面上参与社区学院的发展，直接推动了原有职业培训中心改名为社区学院。1969年12月，位于曼尼托巴省布兰登（Brandon）市的曼尼托巴职业中心（Manitoba Vocational Centre）改名为阿希尼伯因社区学院（Assiniboine Community College）；位于曼尼托巴帕斯镇（Pass Town）的北曼尼托巴职业中心（Northern Manitoba Vocational Centre）改称基瓦廷社区学院（Keewatin Community College）；位于曼尼托巴省会和最大城市温尼伯的曼尼托巴技术学院更名为红河社区学院（Red River

---

① JONES G A. *Higher Education in Canada: Different Systems, Different Perspectives* [M]. New York and London: Garland Publishing, 1997.

Community College)。称谓的变化反映了社区公众希望这些高等教育机构的社区服务性质得到更明确的体现。

《成人职业培训法》是由联邦政府于1967年颁布的，旨在规范培训和训练政策。虽然依据加拿大宪法的布置，教育属于各省自主决定的事务，但联邦政府认为国家有责任为成年劳动者提供就业培训以推动经济发展。该法案授权联邦政府自主决定成人培训的形式和地点，不受各省权限的限制。因而法案也被视为继“二战”结束后，联邦政府为帮助退役士兵就业而资助职业培训以来更加深入、直接地参与各省职业培训的举动。法律授权联邦政府在各省政府同意下，购买各省公立教育机构、私立培训学校和行业培训机构的职业培训服务。通过职业训练，以增强学员再就业的能力和技巧。

社区学院发展的历史表明联邦政府的资金注入是各省社区学院快速发展最重要的原因。值得注意的是，安大略省充分意识到了联邦资金对社区学院发展的重要性，完全接受了联邦资助。在其他省份尚未充分使用联邦资金的情况下，安大略省已在积极谋求联邦政府增加资金支持。安大略省社区学院发展的历史也说明，没有联邦政府的资金支持就没有社区学院建设的成就。1964年，阿尔伯塔省教育部建立起学院资助制度，资助社区学院开办大学课程。这项议案使社区学院开始提供大学的第一、二年级的课程。其他省没有充分使用联邦资金，要么是没有充分认识到发展社区学院的重要性；要么是没有安大略省那样的高等教育需求；抑或对联邦政府过多干预省政府高等教育政策怀有忧虑；等等。

联邦政府提供的职业培训经费帮助各省建立起很多职业技术培训中心，这些机构后来大多发展成为社区学院。另外，联邦政府的培训项目除促进了高等教育发展外，还拉动了各省的基础建设产业，从而增加了就业。1967年联邦政府通过了新的法律——《联邦与各省财政安排法案》(Federal-Provincial Fiscal Arrangements Act)，重新规划了联邦政府对各省高等教育的投入。联邦政府资金的强力注入拉动了各省政府对高等教育的投入。这种双赢的局面可以说是联邦和各省政府在高等教育投入上的积极回报。

在社区学院管理政策方面，这一时期社区学院的管理基本体现出一种社区自治与省级教育部门控制的动态平衡。① 社区学院发展的早期，政府教育部门的管理权限和范围很广泛，但是此后政府逐渐下放管理权，允许社区自主决策。社区参与性是随着社区学院的发展而逐渐提高，这与公众对社区学院加强民主管理的要求是分不开的。为了加强社区学院的民主管理，很多社区学院逐渐吸收教师、学生和工作人员参与决策学院事务。

三、高等教育大众化浪潮的驱动

受高等教育大众化浪潮的冲击，加拿大高等教育发展也经历了从精英教育到大众化的发展历程。② 社会公正理论支持公众接受高等教育的权利和选择的权利。③ 各省当时的大学和学院无法承受公众高等教育需求带来的巨大压力。如果让现有的高等教育机构吸纳所有的需求，教学质量就无法保证。公众对高等教育的需求在联邦政府资金投入的推动下促进了后来各省社区学院的快速发展。魁北克专门成立的研究高等教育改革的委员会，该委员会在 1963 年到 1965 年间陆续提交了 5

---

① TROW M. *The Expansion and Transformation of Higher Education*[J]. International Review of Education, 1972, 18(1): 61-84.

② TROW M. *The Expansion and Transformation of Higher Education*[J]. International Review of Education, 1972, 18(1): 61-84.

③ THELIN J R. *A History of American Higher Education*[M]. Baltimore: Johns Hopkins University Press, 2004: 121.

份调研报告。[①] 这5份调研报告提出的高等教育民主化和大众化的建议直接推动了后来魁北克式社区学院的出现。新不伦瑞克省在1962年启动了该省的高等教育改革，改革主要围绕高等教育发展资金和入学问题展开，目的也是要更好地满足民众逐渐增长的入学需求。阿尔伯塔省在1961—1965年研究如何满足高等教育需求和应对政策。安大略省在1961年也着力研讨本省的高等教育改革问题，提出的改革建议对社区学院的顺利发展起到了重要的推动作用。

社区学院是一种成本相对低廉的高等教育形式，很多高中学生通过社区学院提供的两年大学转学课程，能以较低的成本接受大学教育。所以，政府推动这一新型高等教育机构的发展，除了满足经济发展对劳动力的需求以外，也为学生以较低成本接受高等教育提供了新的可能。

第二节 加拿大社区学院蓬勃发展的具体表现

一、社区学院在加拿大各省份的普遍设立

20世纪六七十年代，社区学院在阿尔伯塔省初创，自西向东扩张到不列颠哥伦比亚省，逐渐遍布加拿大全境。据统计，至1975年，加拿大社区学院总数已增至170所，社区学院体系逐步形成。以下是主要省份社区学院的设立和发展状况。

1961年，联邦政府资金帮助纽芬兰省建设了11所职业学校，主要

---

① PHANEUF L P. *Report of the Royal Commission on Education in the Province of Quebec—Possible Effects on Veterinary Teaching* [J]. The Canadian Veterinary Journal, 1965,6(6):143-146.

为高中毕业生提供职业培训；同时还资助纽芬兰省在圣约翰斯（St. John's）建立了行业技术学院（College of Trades of Technology）。联邦政府的资助为数千纽芬兰人提供了就业培训的机会，也为社区学院的建立奠定了基础。1963 年，纽芬兰省的渔业学院（College of Fisheries）成立。渔业是纽芬兰省的主要产业，但是之前这个领域没有专门的学院培养从业人员。渔业学院的成立为纽芬兰省争取了更多的联邦资助，并专注于培养纽芬兰省紧缺的渔业人才。渔业人才的培养为纽芬兰省和加拿大渔业的发展都做出了重要贡献。

1963 年，萨斯喀彻温中心技术学院（Saskatchewan Central Technical Institute）在萨斯卡通（Saskatoon）成立，提供行业学徒、护工、厨师、技工和农业机械操作等职业培训课程。为了与学院所提供的培训课程保持一致，学院后来更名为萨斯喀彻温应用文理学院（Saskatchewan Institute of Applied Arts and Sciences）。1969 年，阿尔伯特王子地区社区学院（Prince Albert Regional Community College）作为萨斯喀彻温省第一家社区学院开始招生。

1964 年，在联邦政府资助下，爱德华王子岛省政府在夏洛特敦市（Charlottetown）建立了省立职业学院（Provincial Vocational Institute）。这所学院由职业高中、学徒培训中心和成人职业学校组成，是岛上最早创办且唯一的一所社区学院。

1964 年 9 月，阿尔伯塔省红鹿学院（Red Deer College）开始招生；在校生有 106 人，其中非全日制身份的学生有 13 人。到 1969 年，红鹿学院已经发展成为全国的模范院校，其他省份很多社区学院慕名前来学习办学经验。1965 年，阿尔伯塔省梅迪辛哈特学院（Medicine Hat College）开始招生，主要服务阿尔伯塔东南地区和萨斯喀彻温省西南地区。这也是加拿大少有的提供跨省教育培训的社区学院。1966 年，阿尔伯塔省格兰特草原初级学院（Grande Prairie Junior College）开始招生，1970 年改称格兰特草原地区学院（Grande Prairie Regional

College)。

1965 年，温哥华城市学院（Vancouver City College）在成人继续教育中心、职业培训中心和艺术学校几所院校合并的基础上成立。希尔克学院（Selkirk College）1966 年开始招生。这是一所拥有好几个校区的区域性社区学院。卡普兰诺学院（Capilano College）和奥肯纳根学院（Okanagan College）于 1968 年成立。马拉斯宾那学院（Malaspina College）和新卡利多尼亚学院（New Caledonia College）于 1969 年成立。道格拉斯学院（Douglas College）和卡里布学院（Cariboo College）于 1970 年成立。这些社区学院都是在克服了各种批评和质疑，充分调查研究、获得社区广泛支持的基础上成立的，主要为高中毕业生和成人学生提供教育培训机会，帮助学生实现就近入学，学院提供包括大学水平课程、高级技术和职业培训课程以及普通课程在内的多功能课程，高等教育的民主化思想在此得到充分体现。

1967 年 9 月，魁北克省第一批 12 所法语社区学院设立。到 1969 年初，达到了 23 所。1969 年，第一所英语社区学院道森学院（Dawson College）在蒙特利尔开始招生。秉承高等教育对所有公民公平的理念，魁北克省社区学院对所有全日制学生都实行免费。社区学院设立之初，政府预计 2/3 的学生毕业后会选择直接就业，1/3 的学生会选择进入大学继续学习。但是实际结果与最初的预计有很大出入，很多学生毕业后申请进入大学继续学习。

可见，至 20 世纪 70 年代，社区学院在加拿大的大部分省份都已有设立，并承担着中学后青年转学教育或职业技术培训等重要任务。①

① DENNISON J D, GALLAGHER P. *Canada's Community Colleges: A Critical Analysis*[M]. Vancouver: University of British Columbia Press, 1986: 41-45.

二、社区学院入学人数的迅猛增长

社区学院在各省的设立，直接导致了高等职业教育招生规模大幅增长。从全国范围看，社区学院在校生数从 20 世纪 60 年代的约 8 万人，增长到 70 年代中期的 22.7 万人。

表 2-1 加拿大院校数、学生数发展概况①

类别	1966—1967	1976—1977	1986—1987	1991—1992
大学校徽	57	66	68	69
社区学院数	125	189	197	204
全日制在校生	310 540	603 537	796 399	878 660
大学本科	210 618	335 866	418 267	468 323
大学研究生	19 719	40 640	57 147	63 809
社区学院职业课程	77 527	150 360	219 945	226 690
社区学院转学课程	2 676	76 670	101 040	104 170
部分时间制学生	—	—	—	502 742
大学本科	—	—	—	268 986
大学研究生	—	—	—	40 211
社区学院职业课程	—	—	—	122 027
社区学院转学课程	—	—	—	71 517

1960 年，加拿大全境进入大学和学院学习的人数多达 12 万人，到 1967 年，有意愿上大学和学院的人数将翻一番，达 25 万人，而到 1970 年预计将超过 35 万人。而从 1966—1967 年和 1976—1977 年的数据来看，1966—1967 年期间，加拿大社区学院数为 125 所，全日制社区学

① 曾子达. 加拿大社区学院 [M]. 北京：北京大学出版社，1994：56.

院职业课程学生人数为 7.75 万人，全日制社区学院转学课程学生人数为 2676 人；1976—1977 年期间，加拿大社区学院数为 189 所，全日制社区学院职业课程学生人数为 15 万余人，比 1966—1967 期间全日制社区学院职业课程学生人数增加 7 万多人，全日制社区学院转学课程学生人数为 7.6 万余人，是 1966—1967 期间的 28.65 倍，社区学院入学人数呈迅猛增长状态。①

此外，20 世纪 50 年代后期的高失业率导致当时的联邦政府在 1960 年通过了《技术和职业培训资助法》（Technical and Vocational Training Assistance Act）。该法旨在帮助各省建设新的职业高中、技术学院和成人教育中心。联邦政府的资金支持极大地推动了各省的建设项目，如仅从 1960 年到 1966 年，联邦政府就拨付了 15 亿加元，帮助各省建设了 662 所新的高中和职业技术培训学校，有 40 万学生从中受益。这一中等职业教育人数的激增，无疑增加了社区学院的生源。

三、社区学院的多样化发展

（一）社区学院办学类型的多样化

在加拿大社区学院蓬勃发展的同时，受各省分权的教育管理体制、不同的经济发展水平和需求、产业结构差异、不同的教育与文化传统等因素的影响，社区学院在加拿大不同省份呈现出明显的多样化发展格局，就社区学院的办学类型而言，主要有如下 5 种特征显著的社区学院类型。②

1. 应用文理学院式社区学院

安大略省的社区学院是应用文理学院（Colleges of Applied Arts

① 曾子达. 加拿大社区学院［M］. 北京：北京大学出版社，1994：56-57.

② LEVIN J S. *Globalizing the Community College*［M］. New York：Saint Martin's Press Inc，2001：102-104.

and Technology）式社区学院的典型代表。这类社区学院之所以被称为应用文理学院，主要是为了与传统颁发学位的高等教育机构（主要是大学）相区分，同时也是为了避免与专门培训农业和医疗技术的教育机构混淆。应用文理学院的宗旨是使那些无法进入大学学习的青年能够获得更高水平的教育。除安大略省之外，爱德华王子岛省也设立了类似应用文理学院式的社区学院。但是爱德华王子岛的社区学院规模很小，且未像安大略省那样冠以应用文理学院的名称。安大略省和爱德华王子岛省的应用文理学院都由当地委任的管理委员会管理。应用文理学院或社区学院还逐渐发展出成人教育中心。由此，社区学院一方面为劳动者提供就业培训服务，另一方面为成年人提供非职业教育的学习服务。

2. 美国加州式社区学院

美国加州（加利福尼亚州）大学式社区学院最早出现在加拿大西部省份，以阿尔伯塔省和不列颠哥伦比亚省为代表。加州社区学院的主要特点是地方管理的综合社区或者地区学院为学生提供大学转学分课程。由于阿尔伯塔省和不列颠哥伦比亚省人口居住分散，大城市外的学生很难到为数不多的位于大城市的大学就读。与安大略省和爱德华王子岛省不同，这两个省份的高等教育目标不是要把准备进入大学学习的学生和接受其他类型高等教育的学生分开，而是为他们同时提供职业技术教育课程和大学预备课程。这种安排让高中毕业生可以选择直接进入大学学习或者进入社区学院学习，获取为期两年的大学转学分教育。这两个省份除了设立社区或者地区学院外，还建立了技术学院和其他专门的中学后教育机构，极大地丰富了学生的选择。

在不列颠哥伦比亚省，加州模式还推动了成人教育的发展。社区学院以各种成人教育课程为成年人提供了第二次学习的机会。

3. 职业教育式社区学院

职业技术教育式社区学院不提供大学转学教育，而主要侧重短期就业培训项目。曼尼托巴省、新不伦瑞克省、育空地区和西北地区，以及纽芬兰省早期社区学院的发展都是依照这个模式实施的，但是后来经济社会的发展推动了更加多元化的课程设置，如纽芬兰省在社区学院的课程中增设了大学转学分课程。新不伦瑞克省为适应自身人口稀少且居住分散的特点，设立了一所拥有5个校区的社区学院。育空地区和西北地区主要是原住民的保留地，经济发展相对其他省份较为落后，缺乏强烈的高等教育需求，其社区学院的职能重心也放在了为当地居民提供职业培训方面。

4. 经纪人式社区学院

萨斯喀彻温省（乡村地区的）社区学院因其开放性被称为“没有围墙的社区学院”（Community Colleges without Walls），但“经纪人”角色更是此类学院的突出特征。这类社区学院的办学目标主要是为了给人口居住分散的农业社区提供适合当地发展需求的各种学习机会。在人口稠密的都市区，社区学院坚持开设更多工业技术培训项目；而那些设立在农村地区的没有围墙的开放式社区学院，功能上更多的是作为教育服务“经纪人”而不是高等教育的提供者。作为经纪人，这些社区学院的首要任务就是安排其他高等教育机构和社区机构为学生提供教育服务。在萨斯喀彻温的农村地区，社区学院成为社区保持和发展社区活力的机构：它们协调而非复制教育服务，尽可能租赁教学场所，需要的培训项目通过协议的方式由现有的教学机构提供。其管理属于社区而非省级政府。这类社区学院不颁发学位或者毕业证，但其服务遍及每个区域。同时，这类社区学院尽量减少全职人员，教学服务通过协议由其他教育机构提供。因此，这类社区学院是一类中介机构，而非教学机构。

5. 普通与职业教育学院式社区学院

20世纪60年代初，魁北克省发生了一场彻底的社会和经济革命，这场革命催生出一种独特的社区学院模式——普通与职业教育学院式社区学院。作为这场革命的一部分，魁北克省设立了一种新的多校区大学——魁北克大学和蒙特利尔大学。组成多校区大学的学院校舍就为这类社区学院所用，成为建立此类服务全省年轻学生的社区学院的硬件基础。

这种提供普通和职业教育的社区学院模式建立在欧洲和北美的高等教育办学经验基础之上，其独特之处在于，所有的学生无论将来是就业还是继续进入大学学习，都要完成至少一年的普通教育。因此，普通与职业教育学院式社区学院的课程安排有两种方向：一种是为期两年的一般计划，旨在为上大学做好准备；另一种则是为期 3 年的职业教育课程，为学生就业提供培训。该模式的特征还体现在如下 3 个方面：其一，与其他类型的社区学院不同，此类社区学院设立之初并不提供成人教育；其二，此类社区学院不提供入门级的职业培训，入门级的职业培训由高中或者职业高中来提供；其三，在此类社区学院中，全日制学习免除学费，因此对该省高中毕业生很具吸引力。

与其他省社区学院的管理体制相比，魁北克省社区学院的管理权更加集中，但是校委会中部分选举的校董对课程和社区学院与社区的关系有很大影响。魁北克省社区学院建设的理念就是学院属于当地社区，当地社区理应参与学院的管理。魁北克省政府在社区学院初创时期的参与程度较高，待社区学院发展起来后，即把很多权力交给了学校管理机构。自这类社区学院出现以来，魁北克省多次评估这种学院模式的办学效果。尽管这些不断的评估在逐渐改变一些当初的设置，但是这种社区学院体制的核心并没有随着岁月的变迁而改变。① 魁北克模式社区学院对魁北克高等教育的发展有着十分深远的影响，同时也深刻地影响着魁北克省的经济社会发展。

---

① Conseil des Colleges. *College Education: Priorities for Renewal*[R]. Report on the Status and the Needs of College Education, Quebec City: Goverment du Quebec, 1992.

（二）社区学院课程体系的多样化

这一时期社区学院课程的多样化体现在课程的综合性以及功能的多样性等方面。一些社区学院开设大学水平的课程，帮助学生完成大学一、二年级的学业，为转学分进入大学做准备；一些社区学院同时开设普通高等教育和职业教育课程，为学生继续深造或就业做好准备；同时，一些社区学院还承担着成人持续教育的功能，满足成人的学业与培训教育需求。这一时期社区学院课程的综合性特征主要体现为社区学院能够在同一学校、同一校区内为学习能力和学习背景不同的学生开设目标各异的课程。① 具体来说可分为以下几类：

表 2-2　加拿大社区学院课程体系多样化与受众人群

开设课程	课程细分	具体课程内容	课程特点	受教育人群	开设学院类型
职业教育课程和普通课程	培训课程	短期职业和行业培训课程	课程多有针对性的就业培训，帮助更多的人早日回归岗位	失业人员为主	职业技术学院式社区学院、普通与职业教育学院式社区学院
		学徒培训课程	不作为专业课程，不单独开课，但承载着培训任务	学徒	职业技术学院式社区学院、普通与职业教育学院式社区学院
		企业培训课程	为满足企业的在职培训而开设的课程，并逐渐演变为社区学院课程体系的重要组成部分	企业在岗职工	职业技术学院式社区学院
	普通课程	普通课程	为满足当地社区需要的学术类高等教育课程，包括劳动关系研究、女性研究、跨学科研究等	社区内的学术研究人员	经纪人式社区学院、普通与职业教育学院式社区学院

① LEVIN J S. *Globalizing the Community College*［M］. New York：Saint Martin's Press Inc，2001：125-127.

续表

开设课程	课程细分	具体课程内容	课程特点	受教育人群	开设学院类型
大学水平课程	教育课程	职业技术课程	课程涉及范围面广，覆盖面较大	不限	加州式社区学院、普通与职业教育学院式社区学院
		大学学习课程	依照社区同大学或社区和地方之间的相关协议设定，有较强的针对性和明确的范围	准备进入大学学习的社区人员	应用文理学院式社区学院、加州式社区学院、普通与职业教育学院式社区学院
	补习类课程	补习大学相关专业课程知识	帮助学生尽快进入专业课程学习，缩小与在校生之间差距。社区学院后来也成为新移民语言培训的基地	基础较差但准备进入大学学习的人员	普通与职业教育学院式社区学院
兴趣教育	兴趣及社会关系课程	个人兴趣和社区发展课程	只是满足社区居民的个人兴趣，并不一定要获取毕业证书。没有固定上课时间，主要目的是加强社区联系	社区居民	

自 20 世纪 50 年代后期到 70 年代，加拿大各省的社区学院在职业教育作为一个关键领域的同时，多样性与综合性也作为其课程体系的重要特征逐渐突显出来。社区学院在强调课程实用性的同时，对于普通课程也并未轻疏，这种普通课程与主要专业课程相结合的模式有助于保证学生知识结构的完整性。

（三）学生录取的开放性与生源构成的多样化

在招生录取方面，与美国社区学院类似，加拿大的社区学院也普遍坚持开放录取的原则。开放录取有助于降低接受高等教育的门槛，帮助那些原本因受到种种入学资格限制而难以入学的学生接受高等教育。加拿大社区学院在 20 世纪 60 年代和 70 年代大力推行开放录取的另一考虑是降低高等教育录取中基于种族和社会经济条件导致的歧视。与大学的录取相比，社区学院录取中很少存在歧视问题。如安大略省开放录取的基本要求是年满 19 岁、完成十二年级或者十三年级课程的高中毕业生和成年人。荷兰学院在爱德华王子岛省也招收未完成中学教育的成人入学。开放的录取政策为荷兰学院及同类社区学院赢得了广泛的支持。①

虽然开放录取这一方式为学生提供了更为方便、灵活的学习机会，但却并不能保证学生能完全自由地进入自己心仪的专业。当某些专业由于容量限制无法录取所有申请者时，学校一般会采取名额限制的做法。因此，开放录取只是比传统的录取方式更灵活一些而已。

开放录取虽然保证了学生学习的机会，但是也带来了一些无法避免的负面问题。其中，最突出的难题就是入学学生的素质参差不齐。有些学生由于学习能力不足，会出现不能顺利完成学业的情况。对此，各省的社区学院进行了改革应对，如不列颠哥伦比亚省的社区学院通过强化教学管理促使学生顺利完成学业，魁北克省则对未能按时完成学业的学生收取学费。其他省份的社区学院出于学生学习能力和就业市场需求的考虑，也加大了对成人学生和学习能力较弱学生的基础知识教育培训工作力度。②

开放录取原则使得社区学院的生源构成呈现明显的多样化特征，在社区学院当中，学生年龄、兴趣、能力和学习目标各异，阶层分布也多样。此外，加拿大移民社会的特点也强化了社区学院学生构成的多样化。学生构成的多样化为学生之间的互相学习提供了更丰富的可

---

① 格兰·琼斯. 加拿大高等教育：不同体系与不同视角（扩展版）［M］. 林荣日，译. 福州：福建教育出版社，2007：262-266.

② PHANEUF L P. *Report of the Royal Commission on Education in the Province of Quebec—Possible Effects on Veterinary Teaching* [J]. The Canadian Veterinary Journal, 1965,6(6):143-146.

能，并进一步推动了教育的民主化进程。一些社区学院为了突出学生构成的多样化特征而鼓励不同背景的学生在一起上课，不同背景和学习目标的学生在一起学习能更加有效地发挥课内外学习相结合的益处。

第三节　加拿大社区学院蓬勃发展时期的成效与不足

一、社区学院蓬勃发展时期的成效

（一）全国性社区学院体系基本形成

在此时期，由于经济高速发展、政府出台政策支持、社会民众认可等种种原因推动，加拿大社区学院处于蓬勃发展的"黄金时代"。虽然在此阶段，社区学院并非在每个省份都得到了充分发展，但可以说，社区学院在经济发达的省份都建立起了较为完善的体系，在经济欠发达省份处于待完善、待成熟的发展阶段。这与各省的政策和社区的需求与支持有着密切关系。但总体说来，各省结合自身发展的实际水平和需要，均采取了一定的举措推进社区学院发展，全国性的社区学院网络体系在这一时期已基本形成。

在加拿大社区学院体系建立的过程中，联邦政府的支持起到了关键性作用，因为社区学院在各省份的广泛设立离不开联邦政府的政策与资金支持。在曼尼托巴省，为失业人员提供职业培训服务的教育机构严重依赖联邦资金。在一定程度上，联邦政府决定着该省培训课程的数量和类型。联邦政府资金不仅通过购买培训服务资助培训机构，而且也资助了80%参加职业培训的学生。这就使得曼尼托巴省政府不得不考虑在职业培训、社区学院创建等事项上和联邦政府开展紧密合作。阿尔伯塔于1969年通过了《学院法》（Colleges Act），承认社区学院的高等教育机构地位，从而巩固了新设立的社区学院的地位。1973年，

表 2-3 1976—1977 年加拿大中学后教育情况基础数据

省或地区	学院		全职教师		学分制课程学生						支出	
					全职			兼职				
	大学	其他	大学	其他	大学	其他	参与率	大学	其他	千美元	人均的	占国民生产总值的比例
纽芬兰	1	5	765	175	6 640	2 060	10.3	3 220	2 180	79 433	142	3.0
爱德华王子岛	1	2	120	70	1 480	760	13.2	850	770	13 108	111	2.9
新斯科舍	11	13	1 608	285	18 720	2 660	18.5	6 020	3 300	147 997	179	2.9
新不伦瑞克	4	9	1 102	170	11 230	1 470	12.4	4 120	1 940	85 391	126	2.2
全大西洋	17	29	3 595	700	38 070	6 950	14.1	14 210	8 190	325 929	149	2.7
魁北克	7	79	7 140	8 990	79 920	121 410	22.6	65 500	—	1 278 002	205	2.8
安大略	22	30	12 697	4 930	164 350	64 090	21.3	72 990	82 250	1 532 688	185	2.0
曼尼托巴	5	8	1 627	340	18 680	3 480	16.3	11 590	3 600	160 295	157	2.0
萨斯喀彻温	4	3	1 380	210	15 290	2 360	13.1	6 860	4 870	133 195	145	1.9
阿尔伯塔	6	19	2 660	1 480	33 260	16 600	20.1	9 020	9 000	349 927	190	1.7
不列颠哥伦比亚	8	22	2 864	1 390	32 490	16 170	15.3	8 720	26 120	346 264	140	1.6
全西部	23	52	8 531	3 420	99 720	38 610	16.6	36 190	43 590	989 681	158	1.7
育空地区和西北地区	—	—	—	—	—	—	—	—	320	60 367	922	—
全加拿大	69	187	31 963	18 040	382 060	231 060	19.6	188 890	—	4 186 667	182	2.2

注：Secretary of State of Canada. *Support to Education by the Government of Canada* [M]. Ottawa: Secretary of State of Canada, 1984:44.

新不伦瑞克省通过了《新不伦瑞克社区学院法》(New Brunswick Community College Act)。概括而言，社区学院可视为联邦政府和省政府合作推出的人力资源政策（Manpower Policy）的产物，[①] 而社区学院体系的建立更是这一时期两级政府政策支持的产物。

（二）对社区学院办学模式进行多元探索

在这一时期，加拿大社区学院网络体系基本形成的同时，多样化发展的格局也基本形成，主要表现在办学类型多样化、课程体系多样化、学生录取与生源构成多样化等方面。其中在办学类型方面，初步形成以应用文理学院式社区学院、美国加州大学式社区学院、职业技术学院式社区学院、萨斯喀彻温省经纪人式社区学院、魁北克省的普通与职业教育学院式社区学院等模式为代表的五大办学模式。当然，这 5 种模式也只是一种大体、简化的划分与归纳，而实践当中社区学院的类型只会更为丰富、区别更加细微。而这里做一划分，是为了更为便捷地呈现特定历史时期加拿大社区学院发展的样态。事实上，每种模式内部都存在更加细微的差别。事实上，这 5 种社区学院模式在继续发展的过程中并没有呈现趋同的走向，而是一直保持着各自的特色。这背后的原因还要到各省的特殊经济、社会、政治和文化环境中去寻找。

（三）服务经济社会发展的基本功能彰显

丹尼森和加拉赫曾对社区学院的十大显著特征进行总结：课程体系完备，学生来源多元，录取开放灵活，服务学生周到，办学方式多样，教学场所方便，回应政府需求积极，重视教学，社区导向以及最

---

① NEWTON K, OSTRY S. *The Structure and Evolution of Canadian Manpower Policy: An Overview* [M] // WEISBROD B, HUGHES H. Human Resources, Employment and Development(Volume 3). London and Basingstoke: The Macmillan Press LTD, 1983: 24-26.

基础的公共性。[①] 社区学院在这个阶段的发展逐渐体现出明显的“社区性”，一个突出表现便是社区公众可以就社区学院的发展和课程设置提出建议，从而影响学院下一步的发展，这彰显了社区学院的办学初衷，体现了其明确的社区定位以及服务社区的宗旨。

再者，从社区学院的课程设置中也不难看出其服务经济社会发展的宗旨。在这一时期，社区学院在课程设置方面的最大特点就是强调综合性，社区学院的课程涵盖了各种类型的教育和培训，须聘请不同行业背景的专职或兼职教师授课。社区学院的课程还强调实用性，学院在设置课程时会邀请行业内人士和雇主一起来参与设计。这样的课程安排能够让社区学院的教学更具针对性，更容易让学生的知识学习和技能掌握有的放矢、满足未来实际工作的需要。事实上，社区学院课程设置中的实践单元很多都是按照实际工作要求来完成的。社区学院课程的实用性使其打破了传统大学课程设置的边界，因而能够更加直接、灵敏地服务于经济社会的发展，以大量合格的技术型人才供给为社会经济发展提供强大后盾。

二、社区学院蓬勃发展时期存在的不足

（一）社区学院的举办存在一定盲目性和无序性

加拿大社区学院在这一时期的蓬勃发展是有目共睹的，无论对于高中毕业生，还是对有再就业需求的成人学习者而言，社区学院的广泛建立都意味着更多的学习机会和更丰富的发展选择。但在社区学院发展中依然存在着一定的盲目性与无序性，具体是指社区学院在这一发展阶段没有从教育功能的角度对自身定位进行更为清晰的思考与探

---

① DENNISON J D, GALLAGHER P. *Canada's Community Colleges: A Critical Analysis*[M]. Vancouver: University of British Columbia Press, 1986: 32-35.

讨。虽说社区学院的发展是两级政府主导下的产物，但是社区学院也需对自身的定位有更清晰的认识。社区学院究竟是为雇主服务，还是为学生服务？社区学院应当拥有怎样的未来前景？从目力所及的各类文献来看，当时的加拿大社区学院很少有对这类问题进行探讨的记录。

社区学院在此期间兴办、建设的盲目性与无序发展带来的一个重要后果便是教学质量问题。作为高等教育体系的一个组成部分、部分大学生源的培育所，社区学院的教学质量一直为大学所关注，这固然与大学要接收从社区学院申请入学的学生有关，但是更重要的问题是每个省份社区学院的设立与发展都和大学的支持与帮助息息相关。大学不愿看到社区学院由于教学质量不佳而沦为二流学院，也不希望社区学院成为大学的包袱与负累。来自大学的担心也为后来社区学院办学方向的调整提供了契机。

社区学院发展过程中出现的盲目、无序与社区对社区学院的参与程度有关。一个基本的共识即社区学院是各省政府执行人力资源培训政策的工具，但是社区在各省社区学院发展过程中的参与度是不一样的，社区学院发展的无序性在很大程度上可以说是某些社区参与度低带来的后果。当各方都意识到社区参与对社区学院建设的重要性之后，一些省份的社区学院将会迎来重要的调整与变革。

这一阶段社区学院的快速扩张、特别是无序发展给公共资金带来了很大压力。面对巨大的财政压力，各省政府纷纷采取措施一定程度地减少资金支持。社区学院后来吸收国际学生的做法也是部分出于解决资金压力的考虑。

（二）课程设置尚需进一步完善

社区学院的职业培训性质导致了一些省份社区学院的课程设置囿于就业培训，而未照顾到大学转学分学生的需求，使其很难与未来的大学学习顺利接轨。

20 世纪 60 年代，为数不少的加拿大社区学院的课程计划以满足工业发展的需要为主要目标。产业发展需要劳动者掌握怎样的技能，社区学院就提供相应的培训课程。工业界事实上在影响甚至决定社区学院的发展与生存，从某种意义上看，政府和社区学院就处在了从属地位上。20 世纪 60 年代末至 70 年代初，不断发展的教育理念和学习理念对社区学院的课程设置产生了重要影响。接受高等教育不再仅仅是为服务产业发展，而是为了满足个人提升与发展的需要；高等教育提供的职业提升亦不再是学习的唯一目的，而变成了个人追求美好生活的动机。曼尼托巴省教育部门就认识到高等教育不能只是为经济发展服务，高等教育课程的设置应该兼顾个人多方面发展需求和经济社会发展目标。而教育理念和学习理念的发展变革也逐渐在影响着其他省份社区学院课程设置的理念与实践。

第三章　加拿大社区学院的危机凸显与改革应对

（20世纪70年代中期至80年代末）

20世纪七八十年代，受世界性石油危机和经济危机的影响，加拿大经济出现急速衰退，通货膨胀严重，失业率高，政府财政收入锐减，加之战后人口生育高峰已过，加拿大高等教育的迅猛发展势头受到抑制，教育投入减少，学费上涨，入学人数增长速度缓慢。在此发展困境中，加拿大社区学院及时调整发展策略，实施改革以应对危机：积极争取联邦与省级政府的财政支持，加强社区学院外部管理、评估机制，健全学院内部管理、办学机制，并加强与企业界的协调互动，最终突破困境实现了危机时期平稳发展。在这一时期，爱德华王子岛的荷兰学院CBE模块化教学闻名国际；社区学院经济服务功能得到充分体现，并建立起覆盖边远省区的相对独立的综合性社区学院体系。

第一节　加拿大社区学院遭遇危机的背景

一、“石油危机”与经济衰退的威胁

（一）“石油危机”给加拿大经济带来强烈冲击

“二战”后，加拿大经济发展可分为这样几个阶段：一是1945—

1948年的国民经济恢复阶段；二是1949—1973年经济快速发展阶段；三是1973—1983年严重经济危机与缓慢发展阶段。1973年以后的经济之所以发展缓慢，与这一阶段石油禁运及伴随而来的石油涨价和1979年“两伊战争”造成的国际市场石油短缺有着密切关系。①

从工业化发展的必然路径来看，快速发展时期的工业体系是建立在能源的高消耗基础上的，因此加拿大的经济血脉主要由石油构成。1973年和1979年的石油危机对严重依赖石油进口的加拿大乃至西方各国经济都产生了巨大影响。石油作为基础能源，其价格的飙升影响了其他能源价格的全面提高，造成除能源工业外的一般工业利润率普遍降低，导致再生产过程受到阻碍，经济发展速度缓慢。因此，直至进入20世纪80年代，加拿大与其他西方发达国家一样不得不经受经济衰退带来的威胁。1981年7月，加拿大被卷入了“二战”以来最大的一场经济危机。按实际危机期间年度计算，1982年的加拿大国民生产总值比1981年下跌4.4%。工业生产的下降，到1982年12月才到达谷底，迁延整整18个月，为战后平均危机时长的一倍，工业生产的降幅为16.2%。② 无论从主要经济指标还是从危机期间的总体情况来看，这次经济危机都是空前严重的。

从1983年初开始，加拿大经济在美国经济恢复的推动下逐渐恢复，进入了一个周期性的恢复时期。自20世纪70年代滞胀危机以来，加拿大的经济在1984年经历了前所未有的飞速增长，其增长速度在西方国家中仅低于美国。1983年实际国民生产总值增长3.3%，1984年增长5%，超过了日本与西德而居主要资本主义国家第二位。尽管在1983—1984两年内出现经济的迅速回升，但加拿大经济的严重问题依然存在：

① 宫占奎. 石油危机与西方工业国的经济发展 [J]. 南开经济研究，1985 (5)：40-46.

② 吴纪先，赵德缜，马颖. 论八十年代的加拿大经济 [J]. 武汉大学学报（社会科学版），1986 (4)：3-9.

一是财政赤字剧增。这两年里国内实际可支配收入的提高，在很大程度上是联邦政府实行扩张性财政政策刺激的结果。1982—1983 年度，联邦政府财政赤字已高达 260.2 亿加元，1983—1984 年度升至 323.5 亿加元，相当于 1984 年国民生产总值的 7.6%，比美国之外的其他主要资本主义国家的 3.7%要高出许多。1984—1985 年度，财政赤字更是升至 335.6 亿加元。1983—1984 年度，加拿大财政国债总额高达 1 960 亿加元，相当于 1984 年国民生产总值的 46.6%。巨额的财政赤字和公债利息负担，使联邦政府干预经济活动的能力受到很大掣肘。二是投资过于乏力。从危机开始的 1981 年中到危机结束的 1982 年底，加拿大对厂房与设备投资占实际国民生产总值的比重由 16.8%降至 15.6%。这一比重在危机过后的复苏阶段非但没有上升，反而继续下降，1984 年底已跌至 12.9%，1985 年上半年再跌至 11.6%。加拿大在危机过后两年多时间内没有出现投资高潮，与美国 1983—1984 年间投资趋热的情况形成鲜明对照。①

进入 1985 年后，随着美国经济增长的减缓，加拿大出现的经济短暂回升、增长的势头明显下落。除投资乏力有所改变外，高财政赤字和加元汇率的状况并无改观。这些严峻的问题对 20 世纪 80 年代后半期加拿大经济产生深刻的影响，从而也深刻影响了加拿大高等教育在这一阶段的发展。

（二）高通胀与高失业加剧政府财政紧张

“二战”后，加拿大在很长一段时期内的财政政策和货币政策的目标，都转向提高民众就业率，促进经济发展。加拿大国内生产总值在 20 世纪五六十年代平均每年提升超过 5%，除了少数经济疲软年份的失业率有略微增长以外，其他情况下基本达到充分就业的水平。除少数

① 吴纪先，赵德缜，马颖．论八十年代的加拿大经济［J］．武汉大学学报（社会科学版），1986（4）：3-9.

经济过热的年份通货膨胀稍有提高以外，平均不超过 2.5%，有时甚至降至 1%左右。到了 20 世纪 70 年代，加拿大的物价则一直居高不下。消费品物价上涨率在 1973、1974 和 1975 年分别达到 7.5%、10.9%和 10.8%，整个 70 年代加拿大的平均通货膨胀率达到 7.4%，相当于 20 世纪五六十年代平均值的 3 倍。进入 20 世纪 80 年代，加拿大通货膨胀率依旧没有降低，1980、1981、1982 年通货膨胀率分别高达 10.2%、12.5%和 10.8%，1983 年以后，通货膨胀率有所下降，平均在 5%左右。但失业率高达 12.8%，失业人数由 1981 年 8 月的 79.2 万人骤增为 1982 年 12 月的 151 万人，这已达到自 1929—1933 年大危机以来的峰值。这一时期的设备利用率也降低了，到达 1961 年加拿大最初编制此数据以来的最低点。而在实际固定资本投资总额中，私人住房投资、机器与设备投资以及厂房投资分别下降 35.1%、24.8% 和 21.6%。

表 3-1　20 世纪 80 年代加拿大的经济增长率、
失业率和通货膨胀率①

年份	实际国内生产总值增长率（%）	失业率（%）	通货膨胀率（%）
1980	1.5	7.5	10.2
1981	3.7	7.5	12.5
1982	−3.2	11.0	10.8
1983	3.2	11.9	5.8
1984	6.3	11.3	4.4
1985	4.3	10.5	4.0
1986	3.3	9.6	4.1

① DECORE A M, PANNU R S. *Educational Financing in Canada 1970-71 to 1984-85: Who Calls the Tune, Who Pays the Piper?* [J]. The Canadian Journal of Higher Education, 1986, 16(2): 27-49.

续表

年份	实际国内生产总值增长率（%）	失业率（%）	通货膨胀率（%）
1987	3.9	8.9	4.4
1988	4.0	—	4.3
1989	2.3	—	5.5

加拿大政府于1975年10月成立了“反通胀委员会”，负责控制物价与薪资。在20世纪五六十年代，利息率及信贷规模成为加拿大货币当时的政策目标。加拿大银行参考宏观经济的形势，实施宽松或紧缩的货币政策。当经济不景气时，降息和增加信用额度，而当经济过热时，施行加息并限制信用额度。到了20世纪70年代中期，加拿大央行认为这种微调无法根本解决现实问题。因为货币政策是否科学及适用、是否需要调整、如何制定完善新的政策、保证新政策产生后的既定效果，是一个非常漫长的过程，做出可靠的预期也是相当困难的。因此，加拿大政府采纳了货币主义的主张来保持物价总水平的稳定，具体举措用于使货币供应的平均增长率不高于生产和服务长期平均增长率。

由于实施紧缩的财政政策和货币政策，20世纪70年代以来，加拿大的财政不断出现赤字，并逐步扩大，见表3-2。1970年，联邦财政赤字不过10亿加元，1975年达到62.8亿加元，1978年超过100亿加元，1982年超过200亿加元，1984年超过300亿加元，1985年达到335亿加元，占加拿大国内生产总值的6.5%，其后两年稍有下降。财政赤字的持续增加，直接导致加拿大联邦政府和各省政府对高等教育资金投入的减少，见表3-3。

表 3-2　1970—1978 年加拿大联邦政府财政赤字情况①

年份	财政赤字（亿加元）	年份	财政赤字（亿加元）
1970	9.9	1979	104.0
1971	19.1	1980	101.9
1972	17.4	1981	95.8
1973	17.0	1982	227.4
1974	16.3	1983	271.7
1975	62.8	1984	323.5
1976	49.8	1985	335.0
1977	90.6	1986	306.0
1978	104.7	1987	293.0

表 3-3　加拿大 1978—1991 年教育经费与社会经济指标②

年份	教育经费（亿加元）	占国内生产总值比例（%）	占国民收入比例（%）	人均占有经费（加元）	每个劳动力占有经费（加元）
1978	181.79	7.5	9.3	773	1 669
1980	222.01	7.2	8.9	923	1 918
1982	282.91	7.6	8.7	1 151	2 372
1984	321.16	7.2	8.6	1 286	2 608
1986	370.47	7.3	8.7	1 462	2 909
1988	417.91	6.9	8.2	1 613	3 212
1990	477.06	7.0	—	1 793	3 487
1991	505.74	—	—	—	—

① 根据国际货币基金组织月刊《国际金融统计》各年年报整理。

② 根据加拿大国家统计局 1992 年数据整理，分类号 81-220。

二、“特鲁多时代”的艰难与奋进

自20世纪60年代后期到80年代初期，著名的“特鲁多时代”在加拿大历史上是一个浓墨重彩的时期。在这段时间里，尽管加拿大经历了艰难磨炼，但始终坚守着创新、奋进和独立的民族精神而生生不息，这种坚持使得这个国家日益为世界所瞩目。20世纪80年代末至21世纪初期，加拿大的自由党结束多年执政的局面，自由党和保守党相继交替上台主政，不同政党施政纲领有异，对加拿大的政治、经济、文化等各方面都产生了深刻的影响。

“特鲁多时代”因自由党领导人皮埃尔·埃利奥特·特鲁多(Pierre Elliott Trudeau)而得名。1968—1984年为特鲁多执政时期，其对加拿大的政治影响也日益扩大。但与20世纪五六十年代相比，“特鲁多时代”是一个不断涌现新问题，不断产生新矛盾的时期。特鲁多政府面临着很多问题：资本主义国家之间的国际贸易体系崩塌，欧佩克组织原油价格飙升；通货膨胀、财政赤字、高失业率、“经济滞胀”取代持续高速发展；东西两区域间冲突，联邦和地方的冲突；等等。同时，特鲁多时代又是一个百废待兴、充满创新精神的发展时期。特鲁多在执政中大胆、创新、开拓的一贯作风充分体现在出台国家能源计划、反外资控制法，建立全面的社会保险体系以及宪法的废除和修订等方面。

在特鲁多执政早期，加拿大经济发展的整体趋势、国民生产总值和国民收入都在稳步上升。以1970年、1980年和1983年数据为例，这三年加拿大国民生产总值分别为856亿加元、2 900亿加元、4 000亿加元，国民收入也是节节攀升，分别为1 300亿加元、1 900亿加元和3 400亿加元。从经济发展的速率来看，70年代中期以后，加拿大的经济发展经历了两个阶段：20世纪70年代初期，年均GDP增长7%，创下了“二战”以来的最高水平。此时的加拿大经济增长速度一直高于英国和美国，排名世界第四，并跻身世界最强七大经济体之列。1973年，石油输出国组织集体上调石油价格，西方国家的能源危机再次引发了经济危机。1973—1975年间，加拿大的经济受到了巨大冲击，其经济高度依赖国外的市场和资金，70年代早期快速发展态势随之消失，经济生产率大大降低，还引发了大量失业现象，失业人数在1974—1975年共增加了17万人，失业率增长了1.5%。到了1976年，虽然工业产出已经回到危机之前的水准，但由于通货膨胀、财政赤字、能源危机等诸多因素，使得后来的经济一直低迷，呈现出“滞胀”的态势。①

特鲁多政府在面临众多的经济困难时，出台了一系列拯救方案。比如1975年10月，为抵抗通胀采取货币主义的政策，特鲁多政府成立了“反通胀委员会”；加拿大石油公司也于1975年成立，以应对能源危机。1980年，“新的能源计划”开始施行。此外，1982年4月17日，加拿大政府正式宣布于即日开始实施《1982年宪法法案》，废除一直遵循的英国《宪法》。《1982年宪法法案》的颁布，使加拿大彻底摆脱了被殖民统治的耻辱，获得了完全的主权。新的《宪法》新增了“建立全国财富均衡”的规定，授予联邦利用税收支持发展地的权利和义务，颁布了加拿大人权和自由宪章，确定了多元文化的原则，它对加拿大的政治、经济、教育、文化等各个领域产生了深远的影响。

三、政府财政紧缩政策的挤压

（一）《加拿大社会划拨方案》出台背景及内容

1984年，为进一步突出联邦与省财政对高等教育和医疗拨款的支

① 宋家珩．枫叶国度——加拿大的过去和现在［M］．济南：山东大学出版社，1989：279．

撑力度，联邦政府将《联邦与省财政安排及既定项目拨款计划》修改为《联邦与省财政安排及高等教育和医疗拨款计划》，该计划中进一步细化了联邦和省财政对高等教育和医疗的拨款机制，致力于构建高等教育、医疗和社会福利的拨款机制，在机制构建过程中，高等教育拨款数额逐渐减少。1994 年，为巩固拨款机制建设成果，《加拿大医疗和社会事业划拨方案》出台，简称《加拿大社会划拨方案》（CST）。该计划着重于卫生保健，并有意在项目名称中避免使用“高等教育”这个词。该方案特别指出，要想方设法提高医疗拨款的保障举措，但“高等教育拨款”的重要性却被置于相对次要位置，只是作为社会事务中的一项被提及。加拿大联邦政府在 20 世纪 80 年代执行紧缩政策的基础上更动其高等教育政策，意味着联邦政府对于高等教育的财政支持已无法似前一时期那样充足，实际上，这也是这段时期联邦政府财政困难的真实表现。①

20 世纪 80 年代，受经济衰退影响，加拿大实行财政紧缩政策，《加拿大社会划拨方案》便是此类政策的集中体现。该方案主要由数个针对联邦政府政策改革的报告演变而来，分别为：《赫伯布鲁加报告》（Breau Report）、《道奇报告》（Dodge Report）、《奥尔曼德报告》（Allmand Report）、《国务大臣报告》（Secretary of State's Report）。上述报告对加拿大高等教育财政拨款政策均有着重要影响。②

赫伯布鲁加领导的加拿大联邦议会、省级财政安排和既定项目分配特别工作组公布了《赫伯布鲁加报告》，该报告支持了联邦政府与省政府之间的一些可负责任的间接转移，却否定了联邦政府在高等教育方面的责任。报告提出，将联邦和省级财政安排和已确定的计划分配

① DENNISON J D. *The Canadian Community College in the Eighties—Strategies for Survival*[J]. Change Strategies, 1982(8): 28.

② Canada, Department of Finance. *Fiscal Arrangements in the Eighties: Proposals of the Government of Canada*[M]. Ottawa: Department of Finance Canada, 1981: 1-3.

给除卫生保健和高等教育之外的其他公共事业。在当时的经济形势下，这份报告既能有效地监督支付转移资金的运用，又能满足当时更为紧迫的经济需求与社会需求，同时也是加拿大政府财政资金紧张时期的权宜之策。

《道奇报告》是由大卫·道奇领导的美国劳工市场发展工作小组于1981年发布的。道奇认为，基于彼时经济状况和劳动力市场的需求，政府在高等教育上已经投入过多资金，现在应当逐步考虑减少对高等教育的投入，把这些投资转向其他资金更为紧缺的领域。这种看法明显地支持了各省政府把专门用于高等教育和卫生保健的资金挪作他用，而省级政府的这种举动也引发了激烈争论。一旦重新分配资源，联邦也会考虑将资金投入到其他领域。

《奥尔曼德报告》由瓦仁·奥尔曼德领导的名为“为明天而工作：80年代的工作机会”的国会专门工作组发布。这份报告建议，联邦政府应当努力重新分配资源，将资源用于20世纪80年代那些最有可能创造工作机会的计划上。《奥尔曼德报告》还提出应当在各专业领域对资源进行再分配。举例来说，按国家的就业情况来看，文科、教育和公共管理学与理科、机械与商业管理学的资金分配比例应当有所不同，因此应当在这些领域内进行再分配。《奥尔曼德报告》着重指出，联邦政府缺乏对各省政府的清晰指导，以及各省的过度自治是造成资源明显滥用的主要原因。①

直至1983年，联邦政府和省级政府的资金安排以及已确定的项目分配给了高等教育资金，这些资金的增长速度与人均GDP的增长速度相当。不过同时，联邦政府也想要控制高等教育的增长速度，而各省也在试图削减高校和社区学院的支出。约翰逊于1985年注意到，各省

---

① Canada, Department of Finance. *Fiscal Arrangements in the Eighties: Proposals of the Government of Canada*[M]. Ottawa: Department of Finance Canada, 1981: 1-3.

在高等教育上的投资日益减少。①

1985 年，《国务大臣报告》发布。该报告称，5 个省份接受了联邦与省级财政安排和既定项目的资金，这比它们在省内的高等教育投资要多，也就是说，联邦和省级资金安排和既定的项目划拨资金并未被明文禁止。事实上，各省都在为自己的资金分配争取最大的利益。尤其是不列颠哥伦比亚省，为高等教育提供的资金被排在了第二位。各省的这一行为违反了联邦与各省的财政安排及既定的计划分配。报告指出，《联邦与省财政安排及既定项目拨款计划》无法确保加拿大的高等教育在全国范围内得到发展并建议将其取消。该报告还建议应由联邦政府向各省（通过税务调整）直接转移资助，并向学生、科研人员和研究机构提供资金，使其在高等教育领域产生影响力。②

加拿大教育经费主要来源于联邦和各省政府，联邦给予一部分的拨款补贴。不难想见，加拿大联邦政府试图节约和移向其他领域的支持资金愈多，各省高等教育发展中的负担愈重。加拿大联邦与各省份就高等教育分配政策的改革进行过激烈的讨论，讨论的思路与“零和”逻辑基本一致。也就是说，联邦与省之间在公共事业的发展投入上仍然存在着某种程度的消长关系。从表 3-4 可见，加拿大教育经费大部分来自省财政拨款，1991 年占 61.9%，其次是地方政府，占 20.5%。从数额上看，地方政府对教育的支出有一定比例的上升，联邦和省对教育的支出有一定比例的下降。

① JOHNSON A W. *Giving Greater Point and Purpose to the Federal Funding of Post Secondary Education and Research in Canada*[M]. Ottawa: Secretary of State, 1985: 23-25.

② Canadian Parliament. *Standing Senate Committee on National Finance and Leblanc, F. E. Federal Policy on PSE: Report of the Standing Senate Committee on National Finance*[R]. Ottawa: The Committee, 1987: 2-7.

表 3-4　加拿大教育经费来源①　　单位：亿加元

年份	教育经费总数	联邦政府	省政府	地方政府	学费收入	其他来源
1984—1985	321.16	9.3	66.1	15.7	4.7	4.2
1985—1986	345.64	10.6	64.7	15.9	4.5	4.3
1986—1987	370.74	10.6	65.2	16.1	4.4	3.7
1987—1988	389.51	10.4	63.7	18.1	4.5	3.3
1988—1989	417.91	10.1	62.7	18.4	4.8	4.0
1989—1990	441.69	10.3	61.2	19.7	8.8	

表 3-5　加拿大 1987—1988 年度至 1990—1991 年度各类教育经费的数额及比例②

单位：亿加元

年度	教育经费总额	中小学	占比（%）	社区学院	占比（%）	大学	占比（%）	职业培训	占比（%）
1987—1988	389.15	246.11	63.24	31.56	8.11	78.83	20.26	32.99	8.47
1988—1989	417.91	264.75	63.35	33.11	7.92	85.48	20.45	34.56	8.27
1989—1990	441.69	280.95	63.60	35.36	8.01	90.25	20.43	35.12	7.95
1990—1991	477.06	307.99	64.56	37.19	7.80	97.023	20.34	34.85	7.30

（二）《加拿大社会划拨方案》对社区学院的影响

《加拿大社会划拨方案》侧重于削减联邦政府的财政支出，其主要途径是通过强化省级政府的职责来削减联邦支出。③《加拿大社会划拨方案》显示，联邦政府认为教育领域的经费已然充足，应当将资金投向其他社会公共事业。但是，随着大学入学人数的增加，生均费用却在不断下降。加拿大联邦政府在高等教育方面的支出增幅于 1991 年降

① 根据加拿大国家统计局 1992 年数据整理，分类号 81-220.

② 根据加拿大国家统计局 1992 年数据整理，分类号 81-220.

③ GUSTON D H, KENISTON K. *The Fragile Contract: University Science and the Federal Government*[M]. Cambridge, Mass. : The MIT Press, 1994.

至最低水平，此时加拿大的 GDP 增速也已降至 1%以下。于是，随着加拿大在校生数量的快速增长，联邦政府为大学生提供的生均经费大幅缩水：1975 年，联邦政府每年为在校大学生提供 1.2 万加元的生均经费，至 1990 年，这项经费降至 9 190 加元。[①]《加拿大社会划拨方案》属《联邦与省财政安排及高等教育和医疗拨款计划》中的一项改革，但是它的主要目的是提供卫生保健基金，高等教育领域的改革并非其首要考虑。

财政紧张给社区学院带来经费困难。以不列颠哥伦比亚省为例，该省政府在高等教育上的支出大幅下降，而联邦政府也加强了对财政拨款的限制。省政府连续两年降低了学校的运营费用，总比例降低了 3.5%。为了应对经济不景气，该省还在 1977 年《学院法案》中对各高校的经费标准做了重要修订。比如，该议案要求对公共院校教师的薪酬进行严格控制，要求保持大学教师薪酬不变或下调。另外，省内 3 个内部协调委员会也被撤销，其职责主要是由教育部来承担。对于保留下来的相关事务委员会，该议案要求所有的董事都由政府指定，从而废除了对一些委员会委员的提名。此外，政府还制定了资金分配的标准，对全省高校的教学大纲进行了严格控制。

1985 年，联邦政府财政赤字再度达到新高，《联邦与省财政安排及高等教育和医疗拨款计划》中要求，相关领域的资金分配应当完全来自联邦政府放弃的地方征税。联邦政府的这个决定导致每个省份的财政收入下降 140 亿加元，此时各省政府开始放宽对高校的收费控制，对高校学费管理控制力度加大，这直接造成高校学费上涨，给就读学生带来了沉重的经济负担。

---

① SKOLNIK M. *Higher Education Systems*[M]. Ottawa: Secretary of State of Canada in Cooperation with the Association for Canadian Studies, 1992: 57.

第二节　加拿大社区学院应对危机的改革举措

一、积极争取联邦与省级政府的财政支持

1977年加拿大联邦政府颁布的《联邦与省财政安排及既定项目拨款计划》，建议设立一个新的财政分配系统，它将用于医疗和高等教育的资金分配。并明确规定联邦政府通过现金付款和转账的方式向各省支付。在《联邦与省财政安排及既定项目拨款计划》中，关于现金支付和转账的相关条款，反映了联邦政府在财政和税收方面的权力和约定。根据该计划的规定，加拿大联邦政府削减了个人收入所得税，使各省有了增加税收的余地。事实上，从1960年起，魁北克省就开始实施1%的统一税制，而到1977年，魁北克省的税收收入增加至13.5%。在1967年，加拿大联邦政府将这一政策推广用于其他各个省份。联邦政府这一计划允许各省增加税收，从而使各省的卫生保健和高等教育可能获得更多资金。

面对联邦政府赋予各省更多税收空间的情形，各省社区学院开始转变策略，积极争取各省政府的支持并取得了一定成效，从而一定程度上缓解了所面临的财政窘境。各省政府也的确在联邦政府政策的调整下，对于省内包括社区学院在内的高等院校给予了较之前一时期更为有力的财政支持。在多方共同努力下，各省以学生人数为基础对高等教育经费进行了调整，以求提高学校的办学效益和质量。①

20世纪70年代，安大略省经济陷入停滞状态。该省政府认为，迅

---

① 周光礼. 加拿大的高等教育政策：历史与现状［J］. 世界教育信息，2008（7）：13-17.

速发展的高等教育会消耗大量的社会福利，所以安大略省政府采取了“控制和保障稳定”策略，以减少对高等教育的支出。1983 年，安大略省政府通过《学位授予法案》，（除圣经学院和神学学校外）禁止其他省份的教育机构向安大略提供学位。此外，安大略省政府还制定了统一的拨款模式，目的是让各所院校都能得到公平的待遇。在这段时间里，安大略省政府在学校日常资金的分配方面引进了若干分配因素，这是由委员会磋商后的衡量标准。只要各高校的学生人数不超出公式中的正负关系（再加上资助公式中的其他因素），就可以得出最终的固定资金分配比例。在此期间，安大略省政府一直在鼓励发展应用艺术和技术学院。省政府表示，如果应用艺术和技术学院在招生规模增长方面优于同类院校，将会得到更多的资金支持。此外，安大略省政府成立了一个省级技术开发部门，以更好地服务于该省大学和社区学院。受上述政策的影响，安大略省社区学院保持良好的发展势头，并成立了 18 所应用技术和技术学院及多所私人技校。①

1973 年，阿尔伯塔省政府调整了高校的财政拨款政策，将前 3 年的运营费用数额纳入下一年的预算中，即高校可获得经费数额的基础是过去几年的运营支出，同时还会兼顾物价上升、新专业、新教学设施、专门课程等方面的支出，以及由政府拨付的专项资金和下一次拨出的经费。1970 年，阿尔伯塔省政府建立了一项专门的大学基金，拨款 2 500 万加币给当地的 6 所高校。1986 和 1988 年，联邦拨款支持呈增加趋势。到 20 世纪 90 年代初，已有超过 4 亿加元用于高等教育，该省社区学院的发展在这些资助政策中受益。在 20 世纪 80 年代，阿尔伯塔省公立社区学院的全日制学生数量保持增长态势。1980—1981 学年公立社区学院全日制学生数量为 1. 4 万人，1990—1991 学年为 2. 5 万

---

① SKOLNIK M L. *Evolution of Relations between Community Colleges and Universities in Ontario*[J]. Community College Journal of Research & Practice,1995,19(5):437-451.

人，比1980—1981年增长1万余人；而同期社区学院的运行费虽略有增长，但如果刨除价格上涨的影响，1990—1991年的数据与1980—1981年相比下降了24%。阿尔伯塔省的骄傲在于在不利的条件下创造出了社区学院发展的傲人业绩。

联邦政府削减了拨付给省级财政所需的日常资金，转而使用新的专门研究基金的方式和渠道进行投资，从而提升了高等教育领域的市场影响力（这在阿尔伯塔省和安大略省体现尤其明显），这对于那些具有卓越科研能力的大学来说无疑是件好事。因为这些学校科研实力强，将具有战略意义的知识经济领域作为其研究视域可以吸引资金的注入；而其他学校乃至其他层次的院校就缺乏这样的条件，它们必须另谋他途来应对日益增长的大学开支，增加学生学费即为一条重要途径。另外，社区学院的就业前景较好也是其一大优势。为了在激烈的竞争中生存，各高校适时调整招生策略，加大广告力度，扩大国际市场。与其他很多机构一样，加拿大的高等教育市场也起到了很大的作用，为了促进高等教育的发展，联邦政府和省政府逐步采用了若干政策办法来促进竞争。①

依照联邦宪法，联邦对各省的高等教育政策不进行直接干预，主要采取财政、货币、法律法规等方式，通过引进竞争机制、加强校企合作，解决各省高等教育的共同性问题，减轻学生的负担等。联邦政府的这些政策措施确实对各省高等教育领域产生了一定引导作用。由于联邦政府对各省的财政拨款有所削减，各省的教育政策也不尽相同，安大略省、阿尔伯塔省、不列颠哥伦比亚省都准许大学通过提高学费来维持其自身的财务运作。然而学费的大幅上涨，势必加重学生特别是家庭经济条件较差学生的负担，因此，联邦政府也制定了一项限制

① 周光礼. 加拿大的高等教育政策：历史与现状 [J]. 世界教育信息，2008（7）：13-17.

收费的政策。该政策的核心作用是将学校的学费增加和学校的运营经费挂钩，如果学费上升超出了国家规定的标准，那么，联邦就会降低学校的运营经费。另外，联邦政府还出台了一系列针对提高学费的惩罚措施，其中包括限制大学学生的奖学金计划，或限制大学在医疗、口腔等昂贵学科领域的投资。

二、建设社区学院外部评估、管理机制

（一）强化对社区学院的发展评估

各省为明确各类机构在高等教育领域的具体定位及功能发挥情况，纷纷加强对高等教育领域的评估。1988 年，安大略省学院管理委员会（Council of Regents）向各高校提出了一项关于“应用艺术与技术”的全面评价，并制订了到 2000 年的发展计划。特别委员会于 1990 年发布了一份名为《展望 2000 年》的报告，对安大略实用艺术与技术学院（Ontario College of Applied Arts and Technology）的作用、地位重新进行了定位。该研究指出，职业类院校的发展已达到较高点，仅从自身发展角度来看难以取得更新的突破，因此应加强其与社会的交流。政府应扩大大学与学院之间的交流，并建设开放的校园。① 为此，应用技术学院与各高校签署了合作办学协议，并设立了省教育厅的流动辅导机构，协助学生的校际流动。

1979 年，魁北克省的教育专家委员会（The Superior Council of Education）经调研评估发布了《省与教育需求》（*The State and Needs of Education*）的年度报告，该研究提出社区学院自身发展能力不足，经费不足，对学生的学业、生活缺乏深度了解等问题。报告指出，魁

① 李小宾. 加拿大安大略省学校委员会的法人地位与省政府之间的关系 [J]. 中国教育法制评论，2012，10 (1)：199-212.

北克大学和社区学院的扩展导致了院校管理混乱，高等教育机构的注意力并非集中在教学活动、科学研究与学院建设上。“商务主义”在大学里改变了各团体之间的关系，同时也在改变着师生关系。魁北克省大学特别委员会发表的1981—1982年度报告《教育活动：当前的实践与方法的更新》（*Education Activity：Present Practices and Ways of Renewal*）也指出，有些学院没有把对学生批判思维能力的培养放到一个重要位置，缺乏对理性知识讲授的重视，仅仅停留在传授肤浅的主观论断的层面上。这份报告要求教授们反思他们在传授知识的过程中所扮演的角色，要求他们去激发学生思维，激励学生实现超越自我的发展。

魁北克省教育专家委员会于1987年发布了一份关于20世纪60—80年代魁北克省高等教育发展的年度报告，报告中提到，中学毕业后上大学和职业学校的人数大大超过预期。到1986年，高校在校生人数达适龄青年总数的63％，远远高于45％的预估。这一时期创办的一般职业院校的数量也远远超出了最初的规划。“进入一般与职业教育学院就读的女性数量不断增加，而一般与职业院校所处的地理位置则受到人口分布的限制与制约，主要集中在蒙特利尔和魁北克。”教育专家委员会建议扩大社区学院与高职院校的招生范围。但同时，普通高等职业学校的学制衔接问题（也即北美大多数中学的十三年级问题）也暴露出来，这就意味着魁北克省的学生用了更长的时间在普通与职业教育学院，从而延误了他们的职业选择和专业课程，所以，中途放弃学业等半途而废的现象日益增多。

20世纪80年代，对于高等院校课程的评价已成为学校管理与考量的必要手段。这也是不列颠哥伦比亚省专家委员会在院校评估中关注的重点领域。该委员会认为，一般社区学院层次的院校第一要务是进行基本培训，以改善对学生学习的援助和辅导，改进教学计划和程序，建立高质量的课程，强化不同科目间的连接。教师要创造一个开放的教学情境，明确目标，让教学规划更有条理，让学生了解学习的责任和目的。与以往的报告相比，该报告指向性更加明确。在此期间，有关学者也曾提出社区学院所存在的问题：第一，社区学院忽略了对学生的追踪，没有为他们提供研究场所和研究条件，并没有主动指引他们积极地参加校园活动；第二，在科研经费配置上倾向于自然类学科与应用类学科，这就导致社区学院的各类硬件配置出现两极化的不平衡现象；第三，课程和专业范围狭窄，使得社区学院与各大院校之间的联系变得越来越难。为此，专家委员会提出，要加强对各学科的基础知识教学，加强信息技术、数学、计算机技术等方面的综合素质培养，使学生不论在研究能力或是职业技能方面都得到更大的发展。

（二）成立加拿大社区学院联合会

为加强加拿大各省在高等教育领域的合作，促进社区学院的发展，这一时期加拿大成立了包括加拿大皇家委员会（马西委员会）、加拿大社区学院联盟及沿海高等教育理事会等全国性或省份之间的联合会组织，通过咨询、建议推动这一时期加拿大高等教育和社区学院的发展。①

加拿大社区学院联盟于1972年成立，是一家全国性的非政府组织，旨在打通社区学院、有关的科研机构与政府、工商业界的联系。该联盟定期或不定期为学校、学生及理事会成员举行研讨会，以增进彼此间乃至国际间的沟通，启动包括奖学金计划等在内的各类合作。该联盟的成员来自13个省份和地区的142所社区学院，其主要目的是为各会员学院的学习者提供终身教育，促进其个人发展，推动社会和经济发展。其具体工作包括：为会员提供交流经验和学习的平台；为会员提供有关促进使用人力资源和终身教育的政策和建议；为会员提供教育服务，以适应国内外的需求；增强科研机构与其他政府机构的协作

① 柴田．加拿大高等教育治理模式研究［D］．西安：陕西师范大学，2016.

等。该社区学院联盟的组织领导机关是联盟理事会，由 5 个具有投票权的团体选举产生的区域代表组成，这些团体成员包括学生、社区委员会成员、政府官员、全体教职员工和参与活动的工作人员。联盟理事会是在联盟年度会议上通过表决选出的。根据联盟的内部规章，委员会负责为会员的活动提供指导，并在设备和资源方面给予协助。与此同时，委员会成员也有义务让每个人了解自己管辖的区域。

1971 年，在新不伦瑞克、新斯科舍、爱德华王子岛三省建立了总督联合委员会，即省长联合会（Federation of Governors）。1974 年，省长联合会成立了一个沿海省份的高等教育委员会，总部设在新不伦瑞克省弗里德里克顿市，其成员是由州长联席会议指定的。建立沿海高等教育理事会，是为了协助东部沿海省份和高校以高效、迅速的方式利用这一区域的资源。该理事会主管该区各高校及沿海护林学校之行政工作，任何新设学院或变更课程或专业，均须经过该理事会审查。该理事会的目标是避免专业和院校重复设置，从而真正实现相关区域资源的合理分配。此外，该委员会还就各大学的运营、基建以及其他对该区域内的高等教育有影响的问题提出意见和建议。沿海高等教育理事会成立后开展了大量的调研考察，比如委托蒙克顿大学于 1974 年进行的一项调查报告中就提出了 1981 年沿海省份的高等教育工作的方向和目标，1988 年调研重点关注学业困难和学生资助等问题。此外，在沿海省份高等教育的历史、现状及未来发展方面，该委员会也开展了一系列的调研和考察，以帮助人们更好地了解和建设沿海省份的高等教育。

（三）各省成立各类调查研究机构

除全国性或省份之间的相关联合会组织以外，为加强对社区学院的协调与监管，各省和民间团体设立了为数不少的教育调查研究、评估咨询委员会，其中包括新不伦瑞克皇家高等教育委员会、安大略省大学事务委员会、魁北克省皇家教育委员会、纽芬兰省教育和青年委员会以及大不列颠哥伦比亚麦克唐纳教育计划委员会等。这类机构充当了加拿大高等教育发展中的润滑剂、缓冲器、咨询者和联络员的角色，在整个高等教育体系的运作与发展中，弥补了由于文化差异、政治体制等原因造成的教育体系自身的缺陷和短板。

大不列颠哥伦比亚省教育部于1974年成立了社区学院研究委员会。经调研，该委员会呼吁社会各界应积极参加学校的运作，并为残疾学生提供更好的教育。省政府采纳了该委员会的建议，设置了4所社区学院。此后，省委员会又通过一项议案设立了大不列颠哥伦比亚技术学院委员会，并由省教育部对其进行直接的行政管理。自那以后，大不列颠哥伦比亚技术学院就建立了一套新的管理体系。

1971年的阿尔伯塔省，进步派保守党上台，新政府接受了华斯理事会的提议，设立了一个高等教育部。阿尔伯塔高等教育部的建立使其高等教育管理从“松散”向“集权”过渡，加强了对高等教育的控制。为了有效地控制高校支出，高等教育改革了对该省高校经费的管理方式——以合作项目为基础进行经费资助。1971年，高等教育学院协调委员会设立了莫厄特委员会（Mowat Committee），负责对全国高等院校学分转让状况进行评价。1974年9月，阿尔伯塔省高等教育部应各大学协调委员会和各高校校长的要求，宣布设立阿尔伯塔省入学与学分转让委员会（Alberta Council of Admissions and Transfer），协助高校签署学分转让协定，并监督其实施。至20世纪90年代初期，阿尔伯塔省的高等教育系统在推动大学、学院之间学生流动方面起着举足轻重的作用。大学里每年都有数以千计的学生自由往来，而最大的学生流则是来自社区学院。当社区学院的学生完成了所需学习的课程并经过考核后，则可根据学分转移协议转入大学继续深造，也可继续在社区学院就读。此外，阿尔伯塔省入学与学分转让委员会还颁布了《阿尔伯塔学分转移指导》，其中对该省及其他省份的学分转让计划做了详尽说明。该省创办的期刊《学分转移》是加拿大首家介绍学分转移情况的期刊，起到了很好的宣传和解释作用。

上述种种与加拿大各省高等教育和社区学院发展密切相关的专门机构自身也处于不断演化、发展之中，特别是由各省设立的专门机构，通过咨询与建议在战后加拿大高等教育发展中做出了重要贡献。

三、调整社区学院内部管理、办学机制

（一）明确社区学院的发展定位

1971 年，新民主党再次执政时设立了一个社区学院咨询委员会（Advisory Committee on Community Colleges），该委员会成立后向教育部长提交的建议通常被称为《法里斯报告》。《法里斯报告》建议创办一系列不同于传统意义的“社区学院”——这种新型的“社区学院”是指由志同道合的人们组成的被称作“社区”的社会空间，“社区”又反过来影响着身处其中的人们的行为。该委员会倡导调动各种社会力量，对现有提供终身学习机会的教育服务方式进行协调安排。在营造社区“空间”的同时也颇具灵活性与创新性。他们利用前一时期形成的“经纪人”模式，尽可能借助租赁的设施开展教学活动，并且通过限制专职教师的数量，让教育活动获得更高效的成果。这些学院将作为其他教育机构的经纪单位，与大学或技术学院签订协议，为学生开设学分课程。社区学院的管理机构董事会由具有广泛代表性的社会各界人士组成，决定一个社区需要哪些课程与教育活动，并协调实施。这样，社区学院起到了社区发展代言人和教育机构的双重作用。

社区学院咨询委员会也极力提倡新建的农村社区学院在董事会的管理下独立运作（不再受农村学校委员会的管理），并将所有的成人教育与娱乐活动都纳入这一新体系之中。一项基本原则是“一所社区学院，将通过为所在社区提供教育和服务等活动帮助社区发展。在农村

地区，它将充当一种机制，来维护和发展一种切实可行的生活方式”①。“社区学院推动学校的发展的同时，应该以社区教育计划和社区服务为基础。在乡村，社区学院应该为发展有意义的生活方式做出自己的贡献。”②

萨斯喀彻温省政府接受了《法里斯报告》的建议，并因此推动了该省 1973 年《社区学院法案》的诞生。截至 1987 年，全省共有 16 所社区学院，每一所社区学院都由 7 名成员组成的理事会来运作。1988 年，州政府和萨斯喀彻温大学联合了 4 所城市的社区学院，把乡村分为 9 个区，设置了 9 所农村社区学院。到 20 世纪 90 年代初，萨斯喀彻温省已拥有 3 万名学生在社区学院学习。③

（二）学院内部管理机制的调整与教师工会的壮大

加拿大的教育行政由省级政府负责，通过教育立法、规划和资金 3 个层面进行宏观调控。社区学院的建设流程大致上是一样的：省级委员会制定相关法律，组织一支专门的队伍，对社区人口、生源、就业情况进行调查，然后提交可行性报告，进行民意调查，再由省级委员会决定，由所成立的专门工作组来执行。各省设有专门的社区学院管理机构，从创办至运营、管理全过程遵循市场调查、因地制宜、科学运作程序，保证其良性发展。20 世纪 70 年代，各省社区学院为了应对联邦和省政府投资的减少，逐渐吸引社会资金加入。为了加强与社会沟通，社区学院内部管理架构进行了调整，如设立学院委员会与学院董事会、院长和副院长等机构和职位，这是社区学院内部管理与自治

① 格兰·琼斯. 加拿大高等教育：不同体系与不同视角（扩展版）[M]. 林荣日，译. 福州：福建教育出版社，2007：106.

② Saskatchewan Department of Education. *Report of the Minister's Advisory Committee on Community Colleges*[M]. Regina: Department of Continuing Education, 1972: 73.

③ 侯建国. 加拿大高等教育改革与发展 [M]. 北京：高等教育出版社，2006：112-113.

性增强的表现。①

1. 学院委员会与学院董事会的职权

在社区学院外部，各省设置的社区学院运作和管理机构称作“学院委员会”或“学院董事会”。学院董事会是省级行政机关，隶属于省级政府。董事会包括一支由不同省份推选人员组成的专家组，主要由政府官员和社会各界名人组成。学院董事会的主要功能包括联络各省教育局和社区学院董事会，委任校董并就学院发展计划、专业设置等方面提供意见。

而在社区学院内部管理这一层面，学院的董事会是学院的法人代表，同时也是学院的内部行政机关。董事会成员通常有 5—9 人组成，其中包括地方官员、商界专家、知名人士、学院教职员工和学生代表等。在安大略省，《安大略省应用艺术与技术学院法案》通过了该省立法机构。该法案的审定工作将由学院委员会指定某些校外人员和社区学院的院长完成，其中校内人员包括学生、后勤人员、教学人员和管理人员。该法案规定，董事会委员的任期为两年，连任不得多于两次。

社区学院董事会的职权与责任主要体现在管理、行政等方面，依照法律法规进行管理。例如，讨论学校的发展方针、聘请学校的院长、制订学校的日常经营管理策略、负责学校的运作和管理工作，并保证学校的财政资源得到有效使用。学院董事会的组成决定了其必须担负起与社会交流的职责，这既是服务社会的一种福利要求，也是学校筹措资金、加强与社会紧密联系的重要载体。在安大略省，其董事会内部还设置了学术与学生、财务与资产、审计与执行等若干个委员会。委员会定期召开会议，就学校各个领域的运作情况提出有关意见和建议。

---

① Saskatchewan Department of Education. *Report of the Minister's Advisory Committee on Community Colleges*[M]. Regina: Department of Continuing Education, 1972: 73.

2. 学院院长及副院长的职责

在加拿大，学院董事会指定社区学院的院长，院长对董事会的决策负责。院长责任广泛，既有学术上的，也有行政上的。在社区学院成长过程中，学院对院长的要求也从营造良好的学习氛围转变为具备更高的协调沟通能力、管理能力和洞察力。社区学院的副院长由学校的院长推荐，并在董事会的批准下确定人选。每所社区学院一般设有 4 个副院长，分别负责教学、行政、对外服务、学生和教职工服务。①

3. 教师工会壮大带来的改变

自 20 世纪 70 年代以来，加拿大政府的公共开支一直在缩减，而社区学院的经费也因此而大幅下降。虽然省级政府继续给社区学院提供主要的运行资金，但他们也已经限制高等教育经费的增长额度。为了维持生计，社区学院必须节衣缩食，而作为社区学院经费的一大部分，教师薪水也因此而减少。这些情况促使了"教师联盟"这一工会组织的出现，教师们想要联合起来，以工会这一组织方式来与学校协商以维护自身权益。到 1980 年，在加拿大大学教师联盟资助下，22 所高校和社区学院的教师团体加入了联盟。教师工会的壮大无疑影响了学院内部的原有管理结构及其功能，过去由董事会或高层管理人员决定的事务，如教师任命程序、终身制聘任、教师工资、工作保障等事项，都转由教师工会与各院校进行谈判并协商决定。尽管各所社区学院的教师在管理上有很大的差异，但教师工会确实打破了原有的管理体系，促使教师团体更加团结、更有凝聚力。

这一时期，教师工会作为维护教师权益、均衡管理机关权利的组织，在社区学院的管理进程中扮演着重要角色。工会成员一般都是由教师以及一些行政人员（如实验室老师或者图书馆管理员）组成。教

---

① DENNISON J D. *From Community College to University: A Personal Commentary on the Evolution of an Institution*[J]. Canadian Journal of Higher Education, 2006, 36(2): 107-124.

师工会有其自身的章程，职责明确具体，并受到法律的保护。比如，教师工会可就教师工资、雇佣关系、工作保障等问题向学校交涉，协助工会会员投诉，并在有关决议过程中代表教师团体参加。

4. 学生联合会的角色

在高校和社区学院管理方面，学生联合会也是一个十分积极的团体。加拿大大部分高校和社区学院联合会都是独立的、具有法人地位的非营利组织，它们在管理高校和社区学院方面发挥着正规且合法的作用。因为拥有大量的资金和经费保障，其甚至雇用了专职员工来负责社区学院的日常运营。学生联合会定期派遣学生代表到校委会和评审团与其进行交流与协商，他们也将在大学顾问委员会和其他组织中占有一席之地，以实现对大学和社区学院的管理。除了教师联盟、学生联合会之外，校友联盟、职工代表大会、助教联盟等也对高校和社区学院的管理产生了深刻影响。

（三）教学模式的创新

在这一时期的加拿大社区学院中，有为数不少办学旗帜鲜明、教学质量优秀的社区学院涌现，荷兰学院就是典型代表，以教学模式创新著称。荷兰学院成立于 1969 年，秉持服务社区的理念，在爱德华王子岛地区推动了学校决策与课程改革，以其独特且先进的课程和教学方式，深受当地居民的好评。

荷兰学院的首任院长唐纳德·格林宁（Donald Glendening）博士曾担任过加拿大联邦政府人力资源与移民局的官员，后来成为一位职业学校的教师。其人知识丰富、精力充沛、富于激情、富有号召力。格林宁认为，要使教育在全省普遍推广，必须依靠、加强职业技术培训。为此，他在荷兰学院率先实行“能力本位”教育（CBE）模块化教学法，并取得成功。

CBE 模块化教学法的核心是以能力为基础，因材施教，学生们可以使用学校的教学服务系统进行学习，在系统里将课程划定为几个学习模块。在荷兰学院CBE模块化教学下，职业能力和技能被分成几个单元，不同的学生可依据自身能力与兴趣来选择适合自己的学习模块。既传授知识又培养能力，两者紧密联系在一起，特别是以不同职业和不同岗位所需的具体技能为依照，来开展各类教学活动。CBE模块化教学是对学生进行个性化的训练和教学，使他们能够在不同的时间内完成不同的学习进程。教师和学生共同参与教学评价，学院能及时获得各方面的意见。在此阶段，学员不必修完所有的课程，只要完成自己感兴趣的或将来工作要求的课程即可。荷兰学院刚开始在学生毕业时只发给学生一张表格，用来证明学生学习效果和掌握了的技能，而并未颁发毕业文凭或毕业证明。学生毕业后通过求职和社会的实际工作，发现自身学习技能的不足，又常常根据新的职业需要和自身意愿回到原学院，有目的、有针对性地接受更多的培训。荷兰学院这种特殊的人才培养体系也称为“自我训练与评价体系”（STE）。① 20世纪80年代末，这一体系还未被加拿大所有省份完全接纳，因此荷兰学院调整为开始向毕业生们颁发毕业文凭，除此之外，还可以向用人单位提供相关的学生职业能力资格证明。如果学校的档案表明学生有能力担任某个职务或者具备一定的能力，但雇主单方面认为其能力欠佳、尚不符合条件的话，荷兰学院会为该学生提供一次免费培训。荷兰学院的CBE模块化教学法和STE人才培养模式在国内受到了用人单位的广泛好评，获得了学生的赞誉，也使荷兰学院取得了巨大成功，并因此声名鹊起，蜚声海内外，吸引了各国和地区的广泛关注。此后，荷兰学院与世界上其他高校开展教学合作、推广经验，在更大范围内推动了职业技术人才培养的实践改进。

---

① 肖增弘，张成思，赵义学. 适合培养岗位型应用人才的教学模式——加拿大荷兰学院的CBE教学模式 [J]. 电力高等教育，1995 (3)：64-66.

（四）课程设置的实用性更为突显

在课程设置和培训方式上，这一时期加拿大社区学院实用性的特征更加凸显。加拿大社区学院重视培养学生的实践技能，强调实践环节，重视加强教育与社会的联系。社区学院的课程安排丰富多彩。除了学分转移课程之外，社区学院开设的职业技术课程选择范围很大，大致可分为商业、卫生、技术、工艺四大类，其目标是培养各行业所需的各种类型的技术人员，如教师、工程师、推销员、文秘员等，① 如安大略省实用艺术与技术学院职业教育开设的课程就达 300 种之多。此外，社区学院还与企业签署了合作协议，开展徒工培训。徒工培训课程涉及的职业领域相当宽泛，包括商业、工业、卫生环保、工艺等许多工种，安大略省实用艺术与技术学院开设的徒工培训工种有 69 个，专业点 1 600 余个。学员培训中 90％的时间用于现场操作培训，10％的时间是在社区学院中完成理论学习。②

社区学院还以企业的技术人员和管理人员为主要对象，开办各类成人职业培训课程。培训内容的设置主要以技能提升或知识提高为目标。据统计，有极大数额的人员参加了加拿大社区学院举办的短期成人培训，每年培训人员超过 100 万人，以 1985 年为例，培训量超过了 150 万人。同时社区学院基本上都设立了“公共关系与就业部”，免费为学生提供职业指导服务。③

（五）学徒培训制度更加健全

自 1982 年《国家培训法》颁布以来，在加拿大各级政府的倡导和

---

① 贺国庆，朱文富，等. 外国职业教育通史（下卷）[M]. 北京：人民教育出版社，2014：181.

② 侯建国. 加拿大社区学院的特点及发展趋势 [J]. 中国职业技术教育，2005（12）：38-39.

③ 陈尊厚，侯建国. 论加拿大技能型人才培养经验及启示 [J]. 教育与职业，2005（33）：25-27.

支持下，企业和社区学院协作共建学徒培训制度，这一培训制度是指通过政府的政策和财政扶持，把企业的一线训练与学校的实际应用知识教学结合起来，以培养具有熟练操作及动手能力的技术人员。在加拿大，包括建筑业、制造业、自动化和医疗保障等在内的许多行业，学徒训练系统的基础性、全面性设置都已实现。

学徒制教学系统在发展中逐渐完备。政府制定了相关的职业培训制度，明确了政府、行业、培训机构的职责。其所采取的策略主要有：第一，建立和发展培训机构；第二，凡是国家指定的专业和课程，都由国家提供资金，资金主要用于基础设施、人员薪酬和管理支出；第三，国家颁发“红印证书”，授予符合条件的毕业生。学徒实习的总时长为 2—5 年。在这些项目中，60%的时间是在公司进行的，雇主会为学徒提供工作，并且由有经验的技术人员为其提供指导；40%的时间则在社区学院学习理论知识，学院通过安排应用课程提供教学支持。学徒期结束后，学徒在企业的工作成绩将由行业协会评定，而理论课程的学业成绩则由社区学院进行考核。完成相关课程的学生将获得相应的学徒资格，这也是许多公司为新入职人员设定的必备条件。这一培训制度能够减少学生在学业上的负担，让更多的人能够得到适当的专业训练，积累工作经验和学历，最终帮助其找到适合自己的工作。

加拿大的学徒制是一种成功的职业培训机构与企业合作的典范，在不断地探索与发展中，这一制度逐渐成为一种将传统的在职培训与现代教育系统有机融合的优秀范例。以安大略省的教育助理学徒培训课程为例，学徒须在社区学院里完成所有必修具体课程的学习，并获得学分。学院的教学课时被分成 5 个等级（阶段），每个等级包含 48 小时讲授，48 小时讨论，总计 96 个学时。下列是教育助理学徒在社区学

院必须学习的特定科目：①

等次一：安全培训、基础教育、研讨交流；

等次二：初级心理学、个人及交际动机、研讨交流；

等次三：行为心理学、非正常研究、研讨交流；

等次四：教学法、非正常研究、研讨交流；

等次五：非正常研究、电脑辅助教学、研讨交流。

在此期间，加拿大社区学院通过明确发展定位、健全学院内部办学机制、创新教学模式、突显课程实用性、辅助健全学徒培训制度等努力，积极应对并渡过经济萧条时期，对加拿大经济的恢复和发展贡献良多。

四、加强与企业界的协调互动

"二战"后，加拿大工业产能增长了一倍，成为当时的第四工业强国。但好景不长，"石油危机"引发的经济萧条以及德、意、日从战争废墟中恢复，使得加拿大工业强国的位次跌落至第七名。加拿大的两大主顾——英国和美国的市场同时萎缩，给加拿大经济带来了严重影响。然而致使加拿大陷入被动局面的因素有很多，其中专业技术人员的缺乏就是最重要的因素之一。由于西欧技术人员的引进越来越困难，科学技术更新的速度也越来越快，加拿大政府下定决心，要大力培养自己的专业技术人员，建立一个与企业生产密切相关的专业训练系统。

（一）充分获取企业提供的资源支持

加拿大政府于1982年颁布了《国家培训法》，明确提出政府将为职业培训提供资金和政策支持，建立起政府、企业、培训机构三方联动

---

① GREGOR A D. *Higher Education in Canada*[M]. Ottawa: Minister of Supply and Services Canada, 1992: 60.

的职业培训系统。当然，加拿大各省份的社区学院成为这项工作的主要组织和推动者。通过该系统，社区学院在政府资助削减的情况下从企业获得了重要的支持和补给。

一方面，企业出资或捐赠的设备极大地缓解了社区学院教育经费不足、设备老化的问题，在这一时期，每年将近50％的学校资金来自公司和社会。南阿尔伯塔理工学院为提供捐赠的世界各地石油公司制作徽章，按照捐款金额的多少设计、制作各种大小的铜牌，摆放在学院最显眼的墙壁上供学生们浏览。这一做法一方面可以提高这些公司在学生心中的知名度，另一方面也可促使学生产生日后就职于这些公司的期待。另有一些公司时常会为社区学院的学生提供奖学金或助学金，以激励并帮助他们更好地学习。

另一方面，在与企业的合作中，社区学院还可能获得企业提供的技术支持，并利用这类支持实现学院教学内容的更新。在这一过程中，学院与企业共同建立“技术转化中心”，将企业的创新成果汇集在一起，并提供技术转化、编写教材、培训手册等服务。这项科技捐赠计划能让社区学院的学员们获得最先进的技术训练，学习公司的最新技术，缩短公司为新员工提供培训的时间，同时也能帮助社区学院花费最少的费用来更新他们的技术课程，以跟上企业技术进步的速度。而这一做法最大的受益者是那些能够在很短的时间内获得高层次的职业培训和技术教育的毕业生。

（二）加强校企合作与交流

加强校企合作与交流最直接有效的方式莫过于人员的交流与互动。而事实上，这一时期加拿大许多企业的经理都在社区学院的董事会里担任董事，这意味着他们由此成为社区学院的一员。企业人士参与社区学院的管理，可以让学院的办学方针、培养模式、人才标准的制订更加切合现实，从而增加了学院办学对商业需要的敏感度，极大地提升了社区学院的办学效益与社会影响力。另外，社区学院还会聘请一些公司的管理者和技术专家来学院进行兼职教学或组织学术研讨会，向老师和学生们提供有关产业发展动态和技术发展的信息。公司也会雇用一些社区学院的教师来为他们进行员工培训。

企业与社区学院的合作交流还突出地表现在企业参与社区学院课程建设、与社区学院开展合作教育和研究等方面，这是双方交流合作的关键内核。在共同的交流与探索中，社区学院建立了一种适合于企业和学校共同进行教育设计和实施培养人才的途径、方式。在这种模式下，产业公司和社区学院联合制订专业发展方案，共同研发相应的课程标准。企业能够参与到人才培养模式的制定中，一方面可以避免与现实脱节，让企业更容易提高其产品的技术含量；另一方面也可以极大地激发企业办学和助学的积极性。学院办学方向得以调整和改进，培养出更符合企业要求、市场需求的学生，彼此更为直接、紧密的供需关系得以建立。

五、边远地区社区学院的设立

虽然20世纪60年代加拿大大部分省份的社区学院体系都已建立起来，但在几处边远地区，社区学院是到了20世纪70年代以后才出现的。这一时期虽然面临严重的经济紧缩与滞胀，但加拿大社区学院体系在不利的经济环境下依然继续拓展。加拿大政府对边远地区的开发和关注，使得边远地区原住居民的中学后教育得到了加强。

（一）育空地区社区学院的设立

育空地区地域面积相当于新不伦瑞克、新斯科舍和爱德华王子岛三省之和，地广人稀，1986年人口只有2.34万人，是加拿大第一个自治区。长期以来，该地区的高等教育资源因发展落后而严重短缺。育空地区的高等教育始于1963年6月成立的白马职业训练中心（Whitehorse Vocational Training Center），成立之初，中心共有12名教师，有100多位学生报名参加各种专业课程。中心在创办之初就明确了“为工作而培训”的办学宗旨。① 1965年，白马职业学院改名为育空职业学院。

20世纪70年代后期，该地区政府为了解本地区居民的教育经费收支、教育管理体制机制等情况，专门召集一批专家和研究人员调查走访了本地区的教育情况。调查后形成了极具详尽的调查报告，提出了如何加速本地区教育发展的众多建设性意见，其中一项建议是在白马市设立一所独立经营的综合社区学院，提供学分制和非学分制的教学。1983年3月，育空学院由育空职业技术训练中心与在育空地区开办的大不列颠哥伦比亚大学两年文理教育合并成立。1987年，育空地区教育部在育空校区的建设工作接近尾声时，公布了《关于学院管理与实施的白皮书》(*White Paper on College Governance and Phased Implementation*)，其中指出：育空学院不但是学生组织，也是育空区的一部分，鼓励人们关注学校的发展，参与学院管理与决策。白皮书指出，在学校委员会中，社区和原住印第安人的代表应该占大多数，而在永久会员中，至少有10名民众代表，其中印第安人代表不能少于3名，地方社区代表也不能少于3名。这意味着育空学院的委员会将主要为社会团体所支配。1988年5月，育空区议会宣布《学院法案》通过，其中的重要内容是批准设立育空学院、成立学院董事会，董事会由含1名学生代表在内的12名成员组成，而《学院法案》中的“不服从”条款尤为突出。“不服从”条款表明，政府有权在委员会没有按照该法令规定的情况下，在新的委员会成立之前，指定一位行政人员代替委员会行使权力。② 这一规定成为外部管理权力在育空学院管理中尤

---

① 侯建国. 加拿大高等教育改革与发展 [M]. 北京：高等教育出版社，2006：117-119.

② JONES G A. *Higher Education in Canada: Different Systems, Different Perspectives* [M]. New York and London: Garland Publishing, 1997: 23.

为强大的明证。育空学院于1988年10月1日开始招兵买马，正式招收新生。学院分为成人教育、职业教育和一般教育3个部门，涵盖了基础识字训练、大学一、二年级教育课程等。育空学院把社区成人教育与一般高等教育需求有机结合起来，成为创新尝试的优秀案例。

（二）西北地区社区学院的设立

西北地区作为加拿大设立的第二个自治区，面积占加拿大本土的1/3，人口仅有5.76万人，甚至不到全国人口的1%，且人口中原住居民占58%。1986年，在西北部，33%的成人接受教育时间少于9年，56%未上过高中，原住民人口中只有130名拥有大学文凭。①

发展本地区的高等教育，提高民众的高等教育程度和水平是西北地区政府亟需解决的难题。1969年，西北成人职业训练中心（AVTC）设立，开设木工、嫁接、打字、护理教育等应用型专业课程。1982年，西北地区教育特别委员会建议创办一所学院，面向西北地区的民众们开设技术与职业课程、普通教育、成人与继续教育课程以及大学一、二年级的学分转移课程等。② 蒂巴查学院（Tibacha）在西北地区政府主持下创立，并于1986年更名北极学院。同年，北极学院在福特·史密斯带领下迁往地区首府黄刀市。1987、1988年，奥罗拉校区（Aurola）、基瓦廷校区、吉蒂迈特校区依次建立，北极学院成为拥有多个校区、能够为西北地区提供广泛多样教育的高等院校。

至20世纪90年代初，北极学院保持了迅猛的发展势头，1991—1992学年度学生数量达到0.8万人，其中近3/4是原住民，学生来自西北地区的66个社区和育空、阿尔伯塔、魁北克等省区。③

---

① JONES G A. *Higher Education in Canada: Different Systems, Different Perspectives* [M]. New York and London: Garland Publishing, 1997: 21.

② 贺国庆，朱文富，等. 外国职业教育通史（下卷）[M]. 北京：人民教育出版社，2014：179.

③ 侯建国. 加拿大高等教育改革与发展 [M]. 北京：高等教育出版社，2006：120.

至此，加拿大社区学院体系已完整建立起来，覆盖了各个省区，为各地区的经济发展培养着高级技术人才。

第三节 加拿大社区学院危机凸显与改革应对时期的成效与不足

一、社区学院在危机中改革应对的成效

（一）社区学院突破困境，实现了平稳发展

加拿大社区学院20世纪七八十年代在经济萧条之中仍旧实现了稳步发展，最显著的成效在于社区学院数量和在校生数量都得到了较大提升；社区学院的毕业生既能适应社会对生产一线应用型人才的需要，也能满足高中教育普及后的新形势，满足中学后的各种教育需求，同时也为继续教育、终身教育做出了自己的贡献。

在此期间，加拿大政府加强了对边远地区的重视程度，使得边远地区原住居民的中学后教育得到了长足的建设和发展。加拿大联邦政府在20世纪70年代，对育空地区的关注程度随着西北地区的石油开发而提升，加拿大政府非常重视当地的经济社会发展，加快发展当地教育的呼声也日益强烈。20世纪70年代末，育空地区政府聘请教育专家和研究人员对本地区的教育情况进行调查。20世纪80年代，育空学院和北极学院的先后成立成为西北地区拥有多个校区并能提供广泛、多样教育的重要院校。①

同时在经济危机带来的各种困窘与压力之下，加拿大社区学院积

---

① 贺国庆，朱文富，等. 外国职业教育通史（下卷）[M]. 北京：人民教育出版社，2014：179.

极争取联邦与省级政府乃至企业社会力量的共同支持，注意健全学院外部管理机制，加强评估，改进内部办学机制，通过明确发展定位，健全学院内部办学机制，创新教学模式，辅助健全学徒培训制度等努力，积极应对并渡过经济萧条时期，并对加拿大经济的恢复和发展做出重要贡献。

（二）社区学院经济服务功能充分显现

在加拿大联邦政府的推动下，加拿大各省在这一时期对职业技术教育培养、培训技能劳动力、推动经济发展的重要性都有了更为深刻的认识，因而采取措施加强社区学院的建设，社区学院的经济功能也更为突显。

在阿尔伯塔省，社区学院在这一时期保持了相对稳定增长的势头，不断有新学院创办或改组建立。1970 年，埃德蒙顿成立了格兰特·梅斯万社区学院（Grant Macewan Community College），阿尔伯塔专业研究中心和弗米利恩农校（Vermilion）分别改名为凯奴学院（Keyano College）和湖地学院（Lakeland College）。湖地学院为阿尔伯塔东北和萨斯喀彻温省的西北部提供人才培养服务，成为加拿大首个省际社区学院。1986 年，阿尔伯塔艺术学院（Alberta College of Art）与阿尔伯塔技术学院（Alberta Institute of Technology）分开，并开办 4 年的文凭课程。阿尔伯塔省社区学院提供了专业技术和大学学分的课程，为满足阿尔伯塔社区高中后教育的需要提供了一个关键性方案。据统计，在 20 世纪 70 年代，加拿大 30%的学徒工是从阿尔伯塔省培训出来的，该省的学徒工培训在加拿大实力强悍，其培养的学徒工也广受追捧、供不应求。[①] 为了应对技术工人的短缺，1979 年，该省政府决定在埃德蒙顿建立一个新的技术学院，名为威斯勒技术学院（Whistler Institute

① Minister of Industry. *A Report on Adult Education and Training in Canada: Learning a Living*[M]. Ottawa: Statistics Canada, 2001: 19.

of Technology)。1981 年，省议会通过《技术学院法案》，变动了技术学院的管理制度，使技术学院从省里放权直接由董事会全权管理，在行政管理上获得了充分的自主权。

就新不伦瑞克省而言，在 20 世纪 60 年代，该省政府关注的热点主要在大学建设与发展方面，社区学院并未受到足够重视。自 20 世纪 70 年代初起，为重新审视、规划全省的高中后教育格局，该省开始重点发展各种中等专业学校及学院层次。在 1972 年的全省调查后，新不伦瑞克省高等教育委员会发现，应大力支持社区学院来满足社区发展的要求，因为当前高等院校的课程设置与高等院校培养规格不再匹配。1973 年，新不伦瑞克省议会通过《社区学院法案》，决定成立新不伦瑞克社区学院（New Brunswick Community College）。1974 年，新不伦瑞克省教育部门合并了 9 所职业与技术院校，成立新不伦瑞克社区学院，并设立社区学院董事会，负责管理社区学院事务。新不伦瑞克省分为 5 个区，每个区都设立了一所为该省社区学院提供意见、建议的教育顾问委员会，向该省的社区学院提出咨询意见。1980 年，新不伦瑞克省政府变更了社区学院的管理体制，成立了继续教育部，把社区学院纳入继续教育部管理，其目的在于适应本省经济和社会发展需要，及时调整课程内容、专业设置，满足劳动力市场的需求。社区学院也不负众望，以其良好发展向社区、社会输送各类应用型人才。①

（三）社区学院体系建构完善

经过了 20 世纪 70 年代至 80 年代的发展，加拿大社区学院已发展成为一个规模较大、较为独立、完善的综合教育系统，主要体现在以下两个方面。

一是社区学院体系具备了一定的自我管理能力和自我调控能力，

---

① 侯建国. 加拿大高等教育改革与发展 [M]. 北京：高等教育出版社，2006：114-115.

能够在一定程度上适应社会经济的发展变化及其不断产生的新需求。社区学院为了自身的生存与发展，不断提升自身的社会声望与影响力，争取社会各界的支持，积极与各级政府、工商企业、科研机构、社会团体、社会公众、校友等社会各界人士进行广泛接触、交流。20 世纪 70—80 年代，社区学院教育计划的制订、服务对象的扩展、专业设置与课程的调整等，都是社区学院为了适应社会和经济发展的需要，运用自主权进行自我调整的表现。

二是在社区学院体系中建立了评估、认证制度。加拿大的法律要求，建立一所社区学院必须得到一个省级委员会的许可。由于国会未对社区学院的教学方案及学位颁发做出严格规定，造成发展早期社区学院的教育品质与信誉被市民诟病。因此，一批民间及社会自发的团体组织的认证标准应运而生，安大略省学院标准及认证委员会的产生和建立就是一个典型的案例。这些认证机构在一定程度上决定了社区学院的声誉与能够吸引到的资助额度，并左右着学生的流向，客观上，这对社区学院的办学行为、教学质量和效益起到了督促和调整的作用。①

二、社区学院危机凸显与改革应对时期存在的不足

（一）经费不充足限制了社区学院的发展

在这一时期经济萧条的境况中，加拿大联邦政府虽然一定程度上增加了社区学院的经费投入，但并未出台政策激励各省政府加大对社区学院的投资力度。在这方面，联邦政府并未制定具体的财政支持政策，也没有出台相应的约束机制，导致地方财政投入在社区学院的年

① GALLAGHER P, DAY W L. *Community Colleges and Lifelong Learning: Canadian Experiences*[J]. Springer International Handbooks of Education, 2001(6): 645-662.

度经费中所占比重呈降低趋势。如 1978 年联邦政府对于高等教育的拨款有较大增长，而省政府拨款则减少到高校经费总额的 17.9%，1982 年省政府拨款的比重再度下降至 15.9%。这意味着，随着联邦政府对于社区学院投资的增长，各省的财政拨款并没有得到相应的提高，相反，各省财政却在使用联邦基金增加的部分来取代省政府对大学和社区学院的一部分投资。加上通货膨胀等因素的影响，办学经费的不足给社区学院的发展带来不利影响。因为可获得的教育和科研经费短缺，学校设备更新、图书购置、出版及学术活动经常无法正常进行，因此阻碍了社区学院教学与研究水平的提升，学生学费增加，经济负担加重。

（二）各省份间的协调合作仍需加强

由于加拿大没有设立联邦教育部，大部分的教育工作都是由国家秘书部、国防部等部门依靠相关立法来调节，而各省教育的建设和管理工作则几乎完全是由省级政府来主管和承担。这一制度的优势在于各省、学区都可以按照各地的实际状况来进行管理与规划，也体现了鲜明的多元化特征。然而，教育管理的分权体制也有其明显的弊端，即对全国教育工作统筹较弱，对全国的教育资源总体规划较弱，各省之间在教育发展过程中协调合作不足。20 世纪 80 年代后期，加拿大各省逐渐意识到必须加强省份间、地区间教育的合作与协调，建立了区域高等教育协调机制。如新不伦瑞克、新斯科舍、爱德华王子岛三省在东部沿海省份设立了“沿海省份高等教育理事会”，负责三省的教育统筹、协调、交流与合作，取得了良好的成效。但总体看来，各省份间在社区学院等高等教育事业中的合作仍有待加强。

第四章　加拿大社区学院的转型发展

（20世纪90年代以来）

20世纪90年代以来，随着世界经济的一体化发展，加拿大国内经济结构面临调整的现状、学习型社会的来临及移民数量的不断攀升，都给加拿大社区学院的发展提出了新的挑战。同时，学位制度的缺失及其对社区学院发展的制约也日益明显。为此，在联邦及各省政府出台政策的指引、扶助下，加拿大社区学院一边健全评估机制，制订未来发展规划；一边积极推进转型发展，逐步从学历教育走向学位教育，并以服务终身学习为导向，加快国际化转型的步伐。

第一节　加拿大社区学院转型发展的背景

一、学位制度的缺失及其对社区学院发展的制约

在高等教育发展历程中，学位已成为社会公认的人才评价的基本标准，起着难以替代的作用。而缺乏学位授予权，或者说学位制度缺失，又正是长期制约各国短期高等教育发展的关键制度因素之一。尤其值得注意的是，社区学院往往是各国高等职业教育的主要承担者，由于长期无法获得与传统四年制大学同等水平的学位授予权以及适合高等职业教育发展需要的学位制度，导致社区学院及其部分毕业生始

终面临着社会认可度低的窘境。

具体到加拿大，20 世纪 90 年代以来，随着科学技术迅速发展，社会对于高学历人才的渴求逐渐增强。高等学位人才的丰厚待遇令更多的年轻人选择进一步深造，追求更高级别的学位。然而最初加拿大社区学院并不具备授予学士学位的资格，毕业的学生只能得到相应的文凭或者证明，学生要想获得大学的学士学位，唯一的办法是通过与四年制大学合作，通过置换学分的方式来实现。但是，这种途径能够获得的学位数量有限，还远无法满足学生们越来越强烈的需求。① 学位制度缺失使社区学院发展进入某种瓶颈状态，如何实现发展转型成为加拿大各省社区学院不得不考虑的关键问题。

英国皇家山学院（Mount Royal College）院长戴夫·马歇尔（Dave Marshall）曾提出：“加拿大的高等教育学位授予从来都不是一个值得谈论的话题，因为当时我们有两种截然不同的制度，即大学制度和社区学院制度。但由于加拿大各省份逐渐推行相应的学位授予流程和方式，以缓和社会对学士学位日益增加的需要，因此问题愈加复杂。”② 由此也反映出 20 世纪 90 年代以来加拿大社区学院逐渐开始构建学位制度尝试的重要性。当然，由于地方分权教育管理体制的存在，加拿大各省在探索社区学院学位教育转型路径方面呈现出明显的多样化特征。

二、学习型社会带来的挑战

社会与经济的快速发展，尤其是科学技术的日新月异，都预示着

---

① 郑璐，高益民. 加拿大社区学院学士学位制度保障研究 [J]. 高教探索，2017 (5)：83-88.

② MARSHALL D. *Degree Accreditation in Canada* [J]. Canadian Journal of Higher Education, 2004, 34(2): 69-96.

学习型社会正在到来，这就为包括社区学院在内的加拿大高等教育提出了新的要求。1992 年，《加拿大教育与培训》由加拿大全国经济委员会发表，其中明确指出，加拿大人作为社会群体和个体，必须把提高学习质量放在最关键的位置。①

学习型社会是对现代社会发展特征的一种描述，是指在信息社会中，随着科学技术的迅速发展，信息与知识爆炸，知识更新周期明显缩短，创新步伐加快，对人的素质提出了更高的要求；学习就成为个人、组织以及社会的迫切需要。在学习型社会中，学习不再是被动的过程，而是主动的、个性化的、包含了自主选择的过程，终身学习也必然带有这样的性质。当学习型社会到来时，每个人在一生中的各个阶段都会产生学习需求，加之学习的过程包含了更多的自主选择，就需要学校为学习者提供更为丰富、多元的学习机会与资源。这一重任也责无旁贷地落在了包括社区学院在内的高等院校的肩上。

《面向 2000：普通与职业教育学院的发展》由魁北克省教育部下属的普通与职业教育学会理事会于 1990 年出版，此报告分析了若干全球社会热点问题的形成动因，其中包括了全球经济挑战、社会发展不均衡、文化异同等因素。该报告用海量的数据信息，研判了教育形势以及对教育的打击。面临的主要问题有：大于 30％的学生常常在一年级的时候改变所学课程和专业，比如在社会科学学科和自然科学学科之中随意转换，甚至转学。学院委员会经调查发现，学生之所以大量变换课程、调整专业，是因为这些学生的职业选择目标的含糊和对学业失败的恐惧。② 而此过程也体现了在社会变革不断加速的时代，个体探索自身发展与学习需求、路径的曲折过程。同时据学院委员会分析认

① 强海燕．中、美、加、英四国基础教育研究［M］．北京：人民教育出版社，2005：35．

② JONES G A. *Higher Education in Canada: Different Systems, Different Perspectives* [M]. New York and London: Garland Publishing, 1997: 67.

为，魁北克省的社会价值观正在改变，20世纪七八十年代民众多为集体主义思想，而21世纪民众更倾向于对自我的关注，个人主义开始盛行，这将成为21世纪魁北克社会的主导价值观念。为了应对这一挑战，魁北克省普通与职业教育学院除了持续开展职业训练和终身学习之外，还将通过各种方式，如教学研究中心和讲习班来提升学校的师资力量，革新学制设定和课程设置，调整教育与教学模式，以满足学习型社会中个体日益丰富、多元的学习需求。

三、高等教育国际化进程的加速

20世纪90年代以来，世界经济一体化发展迅速。“经济全球化是一个复杂的概念，它涵盖了多个层面，包括劳动生产的国际化，要求高等教育的国际化；劳动力的流通的国际化，就是劳动力市场的国际化；技术生产的国际化，就是科研的国际化（包括高等院校的科学研究）。”① 经济发展的各个层次都与高等教育息息相关，高等教育的国际化进程也在世界经济一体化进程中被裹挟前进。

此时，西方发达国家如美国、英国、澳大利亚等为了争取亚太地区的优质生源，吸引各国优秀学生前去学习，施以各种空前力度的优惠政策。曾任加拿大对外贸易部长的马奇指出，在“加拿大的经济和贸易政策中，教育的国际化水平是一个关键因素”，“教育不仅仅是市场经济、是供给、是需求，更关系到加拿大通过国外的教育来提升价值观念。加拿大的商业与外交政策中，除了政治与经济因素之外，教育与文化也是不可或缺的一环”。② 这表明加拿大高度重视加强国际教

---

① 林元旦. 经济全球化与高等教育国际化［J］. 广西社会科学，2005（1）：184-186.

② 王仲达. 加拿大教育动态与研究（1996—1998）［M］. 北京：教育科学出版社，1999：12.

育与合作、扩大加拿大价值观念的影响力；也是在这种理念的影响下，在短期高等教育这一层次，加拿大将努力加强社区学院在国际社会的竞争力和持续发展力。

第二节 加拿大社区学院转型发展的主要内容

一、社区学院提升教育质量的转型改革

（一）健全内外评估机制，提升培养质量

进入 20 世纪 90 年代，为培养适应迅速变化的社会与市场需求的人才，加拿大各省纷纷采取措施加强对于社区学院的教育教学评估，以保障人才培养质量的进一步提升。在前一时期评估实践的基础上，加拿大社区学院的教育质量评估体系更加完善，通过外部评估与内部评估相结合，同时引进第三方评估作为社区学院评估体系的一项重要措施。1993 年，加拿大多数省份都已成立社区学院评估小组（委员会），其职能主要是对教育教学活动开展调查、研究、评估，提出社区学院存在的不足，并给予有针对性的整改意见和建议。

第一，加拿大社区学院非常重视自己的教学质量，建立了社区学院自身的质量评估规范：制定本学院的教学质量评估标准，并以此为依据，设立专门机构和人员来开展组织实施；同时组织校内专家对校内课程进行评估；邀请校外专家对课程专业设置和质量进行评估咨询，定期征求用人单位、毕业生、行业学会、协会有关教学质量的意见和建议；建立教学档案评估教师的教学水准，等等。① 第二，加拿大很多

① 贺国庆，朱文富，等. 外国职业教育通史（下卷）[M]. 北京：人民教育出版社，2014：190-191.

省份设立了课程审核委员会，负责对社区学院的新课程进行评审和审核，在确保新课程教学质量的前提下，社区学院间的课程交流与教学协作得到了加强，且能够有效防止同一地区各社区学院之间教学资源重复设置，避免资源的浪费。第三，在这一阶段，加拿大社区学院引入了第三方评估这一形式，通过第三方评估更加准确、客观地反映社区学院运行的实际情况。自 20 世纪 90 年代起，加拿大的社区学院评估逐渐形成了由政府监督、院校自我评估、第三方评估等多家机构共同参与的评估机制，其中第三方评估的引入进一步提升了评估结果的客观性，使社区学院在人才培养上更具有方向性。

另外，除对课程进行审定与教学质量评估外，师资质量也是评估工作关注的重点。加拿大对社区学院的老师除了要求具备学士学位或更高的教育背景之外，还必须具备在商业领域工作的经历和 3 门专业的教学经验。除投身课堂之外，教师们每年都被要求至少抽出 4 个星期去公司实习，以促进其知识和技能的更新与提升。加拿大社区学院还与社会需求紧密结合，聘请了一批具有实际工作经历、经验的企业管理人员、工程技术人员作为兼职教师，用于提高技能与技术教学质量。同时，这一阶段的社区学院评估还关注学生的学习质量。为了保证学生的学业水平，20 世纪 90 年代，加拿大的一项重要教育改革就是对学生的学业水平进行全面评估。加拿大各省为提高社区学院技能与技术教学质量，通过制定本省的课程标准、组织全省统一考试等手段，来检验学生成绩、检查课程标准的完成情况。1995 年 2 月，教育品质及问责处在安大略省成立，用以评估学生的学业成就，其工作内容包括：开发相关学科的统考试题、协调组织实施测验、采集教育信息数据、评估教育体系和制度的高效性，就教育改革和发展等问题向政府提出意见或建议。[①]

（二）重视社区学院发展规划，促进革新发展

在加强内外评估的同时，为防止社区学院盲目、无序发展，加拿大各省特别重视社区学院发展规划、计划的制订，保证了社区学院的稳定发展。

20 世纪 90 年代初期，曼尼托巴省政府设立了一个高等教育评价委员会（The University Education Review Commission），又称“罗宾委员会”（Robin Commission）。1992 年 12 月，罗宾委员会发布一份名为《别出心裁》（*Doing Things Differently*）的报告，建议在省政府设立高等教育委员会，发展全省高等教育制度，并提出要加强校际沟通与协作，开展校际合作计划，进行微调，把曼尼托巴北部社区学院——基瓦廷社区学院变为全省高等教育协调中心（Postsecondary Coordinating Center）。[②] 曼尼托巴省政府积极响应罗宾委员会的报告，省政府在全省范围内进行协调，利用执行新的拨款方法、学费收取、入学规定、加速各地区院校间的学分转让等措施推动报告的落地。

纽芬兰省教育部门于 1990 年发布了《平等、卓越与效率：高等教育的未来规划》，为全省高等教育的发展提供了一张蓝图。1992 年，根据教育部的建议，大学与 5 个社区学院共同组建了纽芬兰和拉布拉多高等教育委员会（Newfoundland and Labrador Council on Higher Education），设立高等教育课程衔接委员会，负责统筹高中与地区学院、地区学院与地区学院之间的衔接与学分的转换，并发布《1995—1996 学年纽芬兰与拉布拉多公立高等院校学分转移指导》。纽芬兰省政府于 1995 年春天开始压缩对高等教育的资助。受困于资金有限，该区域学院的成人

---

① 洪成文. 加拿大教育质量保障的实践探索 [J]. 比较教育研究，2001（9）：54-57.

② JONES G A. *Higher Education in Canada: Different Systems, Different Perspectives* [M]. New York and London: Garland Publishing, 1997: 19.

教育课程暂停。1995 年春季，合并后的海事学院（原为渔业学院）与纪念大学入选大学评审委员会委员，同年秋天，该学院具备了工程技术与科学技术学士的学位授予权。

新斯科舍大学校长联盟于 1991 年 5 月进行广泛调查后向教育部提出，政府应该在全国范围内为大学提供支援，并设立一系列附属机构，例如新斯科舍研究院、哈里法克斯工商学校；同时要求社区学院应积极加入大学的协作系统中来。新斯科舍省大学校长联盟在 1992 年年底发布了一份关于学院管理、课程及专业合理化的报告。该报告主张建立大学长远发展规划、改革学分转移制度，还涉及包括远程教育的应用、大学与社区学院拨款机制的研究、课程评估和评价、社会服务领域的拓展等方方面面的内容。

魁北克省在 1993 年成立了专家委员会，取代原普通与职业教育学院委员会承担的职能。在专家委员会的指导下，教学计划可根据需求和实际情况灵活设置，创新性的教学观念与教学方法得到鼓励，学生自主学习与自我管理的能力得到大幅提升，学生积极主动参与、设计教学活动，形成教与学的良性互动的局面。专家委员会还请各高校为贫穷家庭的学生提供资金，开设兼职班级，让他们熟悉专业技术、工作环境，创造了一个轻松的学习氛围。专家委员会建议到 20 世纪末，魁北克省 20 岁以下的人群中进入普通与职业教育学院学习人数应达 70%，毕业比例达 60%，35%的 30 岁以下学生上了大学，产生 25%的毕业率……①专家委员会还建议对教育进行短期和中长期投资，教育投入要在公共财政支出中具有优先权。1993—1994 年，魁北克省的高等教育得到了加拿大联邦政府拨款 25%的资金支持，而魁北克省教育支

① JONES G A. *Higher Education in Canada: Different Systems, Different Perspectives* [M]. New York and London: Garland Publishing, 1997: 78.

出也是加拿大所有省份中最高的。[①]

萨斯喀彻温省的新民主党于1992年再次执政，在经济危机影响下，财政支出被新一届政府大幅缩减。新一届政府还重新开展了主要针对大学与各类公私立学院的高等教育发展目标评估。1993—1994年，教育部公布了新的教育、职业培训和就业方案，并成立“高等教育发展计划委员会”这一新机构，由大学、印第安联合学院、萨斯喀彻温应用技术学院、地区学院和私立技术学院的代表和6位政府官员组成。[②] 1993年，萨斯喀彻温省成立地区学院评估委员会（The Regional Colleges Committee of Review）对社区学院进行评估。评估委员会发现，此前政府意欲将社区学院转变成地方学院，但未成功，并未建立起来适用于地方学院的全省制度，导致8个区域学院各自为政，各学院的教学理念和方法也各不相同。评估委员会认为，各区域院校要加强与教育部的联系，并注重加强联系与协作。[③]

1992年3月，西北地区的阿卡提克学院成立5周年之际，已拥有全日制学生1 517人，兼职学生6 561人，在校人数增长率年均突破30%，已发展成为重要的社区教育中心。除了魁北克、纽芬兰、阿尔伯塔省和育空地区的社区学院，其他省份社区学院的大部分学生都是本地人。1992年，西北地区政府提出建立一个两院制的社区学院。《阿卡提克学院法案修正案》于1994年秋季由西北地方议会通过，决定将阿卡提克学院改制设立两个社区学院。于是，阿卡提克学院于1994年

---

① Human Resources Development Canada. *Federal and Provincial Support to Post-secondary Education in Canada: A Report to Parliament, 1993-94*[M]. Ottawa: Education Support/Student Assistance Branch, Minister of Human Resources Development, 1995:29.

② Saskatchewan Bureau of Statistics. *Economic Review*[M]. Regina: Saskatchewan Bureau of Statistics, 1994:48.

③ University Program Review Panel. *Looking at Saskatchewan: Program, Governance, and Goals Executive Summary*[J]. Regina, 1993:31.

12 月 31 日一分为二，1995 年 1 月 1 日两所院校正式成立，在每个学校都设有董事会、校长和独立的行政机构。其中，西部学院被称为“奥洛拉学院”（Aurora College），以阿卡提克西部 14 个社区为中心，规划建成一个可以颁发学位的学院；而东部地区则称为努那武特阿卡提克学院（Nunavut Arctic College），面向东部 20 个社区提供服务。

（三）注重就业指导，提升学生就业率

在高等院校毕业生就业指导和服务工作方面，加拿大堪称世界典范。进入 20 世纪 90 年代，由于就业率起伏不定，各省院校十分关注学生的就业状况，很多社区学院以较高的就业率吸引优秀生源。为提高就业率，不论政府层面还是社区学院，都积极采取各项措施加强就业指导和服务工作。具体举措主要包括以下 5 个方面。

一是成立就业指导中心，提供专业的就业指导。专业指导工作侧重于帮助学生分析其志向、爱好、专长、能力，使学生理解并明确自我认识与专业选择的关系。就业咨询工作则侧重帮助学生确定工作目标，为未来的工作或远大职业生涯目标做准备，以实现从受教育环境向工作环境过渡。加拿大高校的职业指导工作人员入职资格条件堪称苛刻，除了需要具有指导、咨询、教育学的硕士学位以外，还要具有社会工作或教学科研工作的经验，具备介绍工作、推荐人才、收集信息以及较好的人际交往能力，熟练掌握咨询技术、劳动力市场和工作环境知识以及求职技能，以便能够专业地为学生提供其所需的各类信息与帮助。①

二是重视学生就业工作相关信息的推介。加拿大政府、学校和行业协会除了发布就业政策指导意见和就业信息外，还经常出版就业指导书籍供学生参考。如加拿大联邦政府出版的《与青年的联系——帮

---

① 贺国庆，朱文富，等. 外国职业教育通史（下卷）[M]. 北京：人民教育出版社，2014：192.

你完成从学校到工作的转变》就是一本较为权威的就业指导书，该书的内容包括奖学金与助学金的申请、获取就业信息的方法、企业帮助、寻找工作的途径、提高技巧和把握机会、实习与工作经历等诸多方面，其目的是帮助学生掌握知识，提高能力，获取经验，方便就业。①

三是建立职业与雇主信息库，开通就业网站。举办就业讲座和就业指导课，召开校园招聘会，提供各种便捷渠道，为学生求职就业提供服务。②

四是政府资助学生实习。加拿大各省通过教育部、人力资源部为学生提供奖学金和助学金，帮助学生完成学业。除此以外，各省政府还为社区学院的工作实习提供资助，凡接收学生工作实习的责任主体，由政府承担学生工资的 40%左右。政府还通过核实就业率和奖励先进的办法促使院校重视就业工作。③

五是订单培养。加拿大社区学院会与企业签订合同，采取订单培养的方式为企业培养技术人员。例如，新斯科舍省社区学院于 1994 年与各大公司签署了 7 000 万加元的培训合约，为电讯公司培训接线员、为俱乐部培养发牌员、为工厂培训技师等。④

借助多渠道的改革举措，20 世纪 90 年代以来，加拿大社区学院在学生技能训练方面取得了显著成效，同时还通过就业指导等方面的卓越工作确保了毕业生就业率的提升，为社区学院赢得了社会与公众的普遍认可，这也成为社区学院吸引学生就读的重要招牌。

---

① 贺国庆，朱文富，等. 外国职业教育通史（下卷）[M]. 北京：人民教育出版社，2014：192-193.

② 贺国庆，朱文富，等. 外国职业教育通史（下卷）[M]. 北京：人民教育出版社，2014：193.

③ 北京大学加拿大研究中心. 加拿大研究 [M]. 北京：民族出版社，2004：261-262.

④ JONES G A. *Higher Education in Canada: Different Systems, Different Perspectives* [M]. New York and London: Garland Publishing, 1997: 11.

二、社区学院面向学位教育的转型改革

20 世纪 90 年代，伴随着社会经济领域的快速变革与信息时代的来临，加拿大对各领域高层次人才的需求迅速升温。但是当时加拿大几乎还只有大学层次可以授予学位，而社区学院却几乎没有学位授予权。社区学院的改革举措不仅体现在教学内容与方式的突破上，授予学位的权利也是社区学院一直争取的目标。从政府角度看，社区学院获得独立的学士学位授予权有助于解决一些体制难题：首先，通过这种方式，政府可以加强对社区学院的控制，且控制力度要比大学层次强许多；其次，可以避免高等教育长期以来的二元管理体制，有助于大学与社区学院之间关系更加紧密；第三，可以确保社区学院教师高效完成其教学任务；第四，可以让社区学院的教师脱离科研工作，专心于教学；最后，也是最重要的，在社区学院颁发学士学位所需的费用只有大学的 60％。① 在政府的有力推动下，加拿大有 5 个省份首次授权社区学院颁发本科或职业应用型学位（Applied Degree），并在法律依据、授权条款、质量评估等方面都根据自身发展特点进行了不同的规定。自此，加拿大社区学院汇集了更多来自当地企业、社区和不同产业的专家和教育家，他们更加充分、有效地满足了学生多方面的教育需求；而学位的获得也赋予了社区学院毕业生更丰富的职业选择和发展机会。

从社区学院发展的历史进程来看，社区学院逐渐获得学位授予权并发展成为大学学院这一趋势日益显著。新斯科舍省的卡普顿大学（Cape Breton University）是从不列颠海角大学学院发展而来，成立于 20 世纪 80 年代，被认为是加拿大的第一所大学学院。该大学学院既保

---

① 郑璐，高益民．加拿大社区学院学士学位制度保障研究［J］．高教探索，2017（5）：83-88.

留了东新斯科舍技术学院的职业技术性，又融入了萨维尔初级学院可以授予学位的高等院校性质。经过发展，其他省份也认识到了大学学院的优势所在，陆续开始本省的大学学院建设。①

（一）曼尼托巴省

1991年，曼尼托巴省通过了《学院法案》（The Colleges Act），法案中要求成立一个学院委员会，作为学院教师和学生可就学术及其他问题提出意见或建议的交流通道。同时，该法案对学院及其委员会的工作进行了规范：要求作为学院管理机构的学院董事会需由一名副省长牵头成立。而学院委员会成员由10—12人组成，由副省长委任，其中包含学生会推选的学生代表以及学院的教师代表。学院委员会还有推动资讯交换、制订改善课程计划并为学院发展制定有效政策的职能。曼尼托巴省政府于2007年颁布了《学位授予法案》（The Degree Granting Act），对授予学位的许可和限制做出明确的规定。新的法律扩展了社区学院的职能，其中包括授予应用型本科学位。大学文凭项目将重点放在运用知识和保证学生在毕业后能直接进入劳动市场方面。这些学位项目的目的是确保毕业生掌握技能和知识，并获得专门的培训，以适应世界高水平技术市场的需求。修改后的法律规定，曼尼托巴省的所有公共院校都可颁发应用型本科学位。

社区学院所开设的大学文凭课程重视知识和技能的灵活运用，保证学生获得专业训练，保障毕业生顺利就业，满足劳动力市场需求。该省红河学院是省内首个提供应用型学士学位的院校，致力于通过提供创新性、应用型的专业课程，为符合本省工业发展需要的学生提供上百门应用型专业课程，提供灵活、高质量的教学；为曼尼托巴省社会发展输送了大批优秀人才，促进了该省工业经济的发展繁荣。

---

① QUICK A C. *Graduate Degrees Offered by College and Subject*[M]. New York: Thomson, 2003: 63.

（二）不列颠哥伦比亚省

不列颠哥伦比亚省的社区学院设立之初就以两年的大学预科转移学分项目为主打特色，同时因地制宜打造一些符合需求的精品教育培训项目，将职业培训、语言培训以及学徒项目相结合，受到全加拿大乃至国际学生的欢迎。兰加拉学院（Langara College）是加拿大最大的学分转移项目学院，每年入学人数多达 2 万人，开设计算机研究、商业、通讯、应用艺术等多门专业，充分满足了多元文化的社会需求。

自 1990 年开始，不列颠哥伦比亚大学引入了“混合”体制（即大学学院体制），提供学历证书和文凭；1998 年不列颠哥伦比亚省政府 5 所社区学院更名为大学学院。不列颠哥伦比亚省《社区学院法案》（The College and Institute Act）于 1996 年通过，面向包括各类高校在内的所有公共高等教育机构实施。这项法令规定了教育主管、董事会、学院教育委员会和省级机构的权利与责任。在 2002 年《学位授权法案》（Degree Authorization Act）通过后，不列颠哥伦比亚省的非高校计划的数目和规模都有所增长。

（三）安大略省

2002 年，《安大略省应用艺术与技术学院法案》（Ontario Colleges of Applied Arts and Technology Act）颁布，对安大略省社区学院进行了规范和管理，这项法案赋予了社区学院设立自身委员会的权利。董事会包括校长、学生、教师、管理人员和幕僚，负责制订学校发展策略和经营计划，并向教育主管部门提交每年的主要业绩指标。安大略省社区学院有着丰富全面的就业准备项目，四年制应用型学士学位、两年制技术文凭，以及短期培训、学徒计划一应俱全。学院不仅与企业合作开展研究，还为移民等特定客户提供个性化服务。安大略省政府于 2000 年进行社区学院改革，5 所学院改革成立技术与先进学习项目研究所（Institute of Technology and Advanced Learning），可以提供 15%的学士学位课程，明显高于其他学院 5%的比例。多伦多大学的经济学家迈克尔·什科尔尼克（Michael Skolnik）认为，政府给予社区学院具备颁发学士学位的权力，主要是为了扩充学生队伍，增加学生数量。因为政府希望学院能比传统的大学经济效益方面更具优势，所以他们会推出新的学士学位课程。

（四）阿尔伯塔省

1995—1996年，阿尔伯塔省政府准许本省的社区学院拥有应用型学士学位授予权，并开始了对具有社区学院性质且能授予学位的大学学院的建设。自此，阿尔伯塔省社区学院颁发了4个应用学位：应用森林资源管理、应用石油工业技术、通信应用以及小企业开发应用。阿尔伯塔省政府尤其强调，在取得相关应用型学士学位之前，社区学院学生必须完成6个学期的专业课程和2个学期的实习。社区学院利用自身的优势，发展出适合国内外专业人才的专业技能教育，并扩大着自身的办学规模。[①]

2004年，阿尔伯塔省合并和修订了4项法令，即《大学法案》（The Universities Act）、《学院法案》（The Colleges Act）、《理工学院法案》（The Technical Institutes Act）和《班芙中心法案》（The Banff Centre Act），以求共同管理阿尔伯塔省的高等院校。阿尔伯塔大学质量委员会（The Campus Alberta Quality Council）于2004年正式参与新《高等教育学习法案》的落实，这项法案涵盖了大学、学院和技术学院等公立高等教育部门，目的在于推动阿尔伯塔高校（Campus Alberta）的理念革新，使其成为一个可供选择的、灵活的高等教育体系。阿尔伯塔大学质量委员会建立以来，一直对新的学位计划进行严格审核，以求保证其质量。作为一个高等院校教育教学质量保障组织，该委员会根据《高等教育法案》和《学习准则计划》（Programs of

① Campus Alberta Quality Council. *Handbook: Quality Assessment and Quality Assurance* [M]. Edmonton, AB: Campus Alberta Quality Council, 2010: 6.

Study Regulation)，在阿尔伯塔省的高等院校中创建新的学位计划。阿尔伯塔省的社区学院覆盖了除神学学位以外的所有课程，其中就包括了为学生颁发文凭的学位课程，而这些课程都需由教育主管（部门）批准。阿尔伯塔大学质量委员会还定期对经过认证的学位项目进行评价，以保证其一贯的品质。①

三、社区学院服务终身学习的转型改革

（一）社区学院成为终身教育体系的重要组成部分

2008 年 4 月，《学习型加拿大：2020》的教育发展计划于加拿大各省教育部长委员会上通过，为加拿大 2008—2020 年的教育发展设定了远期规划，即强化和完善加拿大的教育体系，让所有加拿大人在人生各个阶段都能获得充分的终身学习机会；到 2020 年，全体国民基本受到过良好教育，共同建立一个富有活力的知识经济社会，一起促进社会可持续发展，继而拓展加拿大人的个人发展机遇。② 该计划着重指出，为了提升高中后教育质量和结业率，建立一个开放的、多元化的、综合的加拿大成人的学习和技能培养体系；同时亦建议通过强化原住民教育，以缩小原住民与移徙者在受教育水平上的差异，并进一步鼓励他们在学术上取得更多成就，增加原住民中学生的毕业比例，确保其在高中后有足够的机会接受教育，并扩大和巩固大学和硕士学位人才培养，以便为满足加拿大人的更高学历需要提供充分的学习机会。

社区学院作为加拿大高等教育的一个十分重要的组成部分，在加拿大的终身教育体系中也起着关键性作用。随着经济、科技的发展，

---

① Campus Alberta Quality Council. *Handbook: Quality Assessment and Quality Assurance* [M]. Edmonton, AB: Campus Alberta Quality Council, 2010: 2.

② CMEC. *Learn Canada 2020* [EB/OL]. http://www.cmec.ca/ Press/2003/ Pages/ 2008-04-15.aspx

加拿大政府的雄厚资本实力，成为促使高中后教育快速提升的物质基础。社区学院为学生开设时长两年的大学转学课程，同时大部分社区学院都与高校签署了学分互换协议，在完成了两年学习后，学生可通过学分互认转至四年制大学去继续攻读学士学位。同时，社区学院另一重要教育职能是提供职业技术教育课程，为学生的技术技能提升和就业提供培训服务；社区学院重要的教学功能是集中于提供专业技术教育，帮助学员获得工作机会，提升并更新其工作能力；社区学院还提供成人继续教育课程服务，将满足社区居民的终身学习和教育需求看作其主要职能，社区学院对困难学生进行补偿性教育、对社区工人进行培训、对成年人进行识字和基础技能的教育。①

加拿大社区学院在办学形式、专业设置、教学内容和教学方法等方面，极大满足了企业和工作岗位的需要。同时，社区学院还向参与当地经济生产的员工进行了培训需求调研，并为其提供专业的培训课程。社区学院与社区生活紧密相连，为居民提供了更丰富的服务。学院与社区其他机构合作，利用各种组织方式与资源，为学生、学员提供终身学习的机会和服务。

加拿大社区学院的教学目标是：适应科技、经济的发展与变革，适时地更新教学大纲和课程内容。例如，加拿大不列颠哥伦比亚省技术学院的教科书，每3年要进行一次修订，以确定是否有必要增加或替换。社区学院的教育与社区发展、就业市场的需要密切联系，因此，毕业生普遍得到了社会上有关单位的青睐，并具有较高的就业率。总体就业率在80%以上，高的甚至在95%以上。② 社区学院掌握的教育资源及已形成的教育特性，都证明了社区学院具备承担终身教育任务

---

① 曾子达. 社区学院在加拿大教育体系中的地位与作用［J］. 中国高教研究，1994（3）：87-91.

② 中国教育发展战略学会学术部. 终身学习的进展、发展趋势和制度建设——上海国际终身学习论坛综述［J］. 教育研究，2010，31（10）：107-111.

的资源和资质，基于此，加拿大联邦和各省均将社区学院体系发展纳入终身学习体系当中，支持社区学院发展。①

（二）学习互联网构建为社区学院服务终身学习提供条件

加拿大工业部门于 1993 年发起“加拿大校园网”计划，包括“电脑学校”计划、“教学基点”项目。这些计划对改善各级学校的硬件条件，完善学校校园网络的建设，支援及估计网络教育与教学资源的发展都起了很大作用。这些工程涵盖了教育信息化的各个方面，并对加拿大高等教育的信息化建设起到了积极的推动作用。至 1999 年，在该政府计划的布置实施下，加拿大 16 500 所中小学校、3 400 所公立图书馆、467 所原住民的学校接入了因特网，使得加拿大成为全世界首个实现学校联网的国家。同时，加拿大联邦政府、地方政府、社会团体都在致力于建立教育网站，并建立了大量涵盖各类教育的网络，以加拿大促进网和未来教育网为典型代表。这些联邦政府层面的教育网站在整个校园网的建设和在线教学内容的发展、完善中起着主导作用。

在教育网络的有力支持下，更多的信息化教学手段被应用于社区学院的教学过程中。随着信息技术、网络教学技术和远程教育技术的发展与完善，各省社区学院几乎无一例外地选择开发和建设网络课程资源，且收效显著。不仅参加学习的人数不断增加，而且保证了较好的教学品质，从而提高了学院的经济收益，扩大了学院知名度和影响力；还适应了加拿大地广人稀的国情与社会特征，推动了加拿大终身学习的实践与发展，助力学习型社会的形成。

2001 年，加拿大工业部门发布了一份题为《大学和学院的电子化

---

① JONES G A，LI S X. *The “Invisible” Sector: Private Higher Education in Canada* [M]//JOSKI K M，PAIVANDI S. Private Higher Education: A Global Perspective. Delhi，India：B. R. Publishing，2015：1-33.

学习革命：加拿大的挑战》的政策文件。① 该文件在应对高等教育信息技术变革、提高高等教育的质量和灵活性方面提出了有效建议。该文件强调，加拿大联邦的工业部门对高等教育有 3 类支持：建立终身学习的教育文化；使用最新的教育手段，保证全体加拿大人都能获得最好的教育；推动加拿大各高校和软件业全面使用电子教学。② 鉴于通过网络资源开展学习是终身教育的一种重要形式，加拿大联邦工业部为此专门构建了学习网络，使得社区学院的教育教学工作也在该文件的倡议和实施中受益。网络教育的发展以及电子教学资源的日渐丰富，提升了社区学院服务终身教育的条件与品质。

（三）健全社区学院入学保障体系助力终身学习服务

在推动加拿大学习型社会构建的进程中，加拿大人力资源部推出了青年培训计划，在构建和发展终身教育制度方面起到了很好的促进作用。该培训计划旨在协助年轻人获取必要的知识和技能，为其参加工作奠定良好的基础；并要求建立加拿大学习网络，为加拿大居民提供职业信息、学习和培训的机会。学生可利用该网络申请大学奖学金、助学金、助学贷款等。③ 同时，为了避免学生因为经济原因无法如愿入学，加拿大政府增设了种类繁多的奖助学金项目，基本上形成了覆盖面广、保障度高的学生入学保障体系。这些项目的服务对象虽然不仅限于社区学院，但有相当多的社区学院学生依靠此类项目得以顺利入学。其中较有代表性的保障项目包括以下五个方面。④

---

① Human Resources Development Canada. *Knowledge Matters: Skills and Learning for Canadians*[M]. Ottawa:Government of Canada,2002:102.

② Industry Canada. *E-learning E-volution in Colleges and Universities: A Pan-Canadian Challenge*[EB/OL]. http://www. cmec. CA/postsec/indexe. Aspx

③ 成才与就业编委. 加拿大：人力资源发展部推进终身教育 [J]. 成才与就业，2011 (19)：64.

④ 朴雪涛. 加拿大高等教育改革的新动向 [J]. 外国教育研究，2002 (5)：61-64.

1. 建立加拿大千年纪奖学金基金

1998年联邦政府拨款25亿加元，设立了“加拿大千年纪奖学金基金”，该基金旨在从2000年起10年间，每年向10万名在高等学校学习的学生颁发奖学金。基金由非政府机构管理，重点资助那些学习成绩优异但是经济相对困难的学生到大学和社区学院继续深造。部分获奖者还可用此奖学金赴国外短期学习。

2. 设立加拿大助学金

联邦政府在加拿大学生贷款计划的基础上，为那些生活在困境中的业余学生、残疾学生和正在攻读博士学位的女生提供4 500万加元助学金。其中，还有一部分款项专门用于资助由于抚养孩子或赡养老人而导致生活困难的学生。

3. 建立加拿大创新基金会

加拿大政府于1997年加大了对科研活动的投入并决定在5年之内拨款高达9亿加元，设立“加拿大创新基金”，为科研院所、社区学院、医院及非营利科研院所提供科研仪器。由于财政困难，联邦政府曾在1998年前连续削弱资助高校科研的三大基金会的经费。为了防止更多高级人才流失，联邦政府于1998年开始加大对大学科研的投资力度。①

4. 为减轻学生债务负担出台特殊政策

加拿大联邦政府在1998年出台了若干解决学生债务负担的具体措施：(1) 免交学生贷款利息，从1998年4月起，加拿大政府出台政策使更多的毕业生能享受免交助学贷款利息的待遇；(2) 延长归还贷款期限；(3) 减轻学生（毕业生）债务负担。2004年，联邦政府增设了一项新的向低收入家庭学生提供资助的政策，包括发放加拿大学习券、提高低收入家庭和中等收入家庭的储蓄补助、提高残疾学生的补助、

① 王仲达. 加拿大教育动态与研究（1996—1998）[M]. 北京：教育科学出版社，1999：33-35.

修订有关帮助学生偿还贷款的条款等。[①]

5. 鼓励家庭教育储蓄

为鼓励更多家庭为子女的高等教育储蓄投入，加拿大联邦政府规定：从 1998 年 1 月 1 日起任何家庭为子女在“注册教育储蓄计划”中每存入 2 000 加元，各级政府都会提供 10%—20%的资助，即拨付给每人 200—400 加元，直到其子女成年为止。

另外，由于高等教育本质上属于公共事业，因此实行了定价与征税的交叉，因而也就形成了高等院校自身的收费体系。但是联邦政府为贫困家庭的学生提供了免利息的贷款，各省也出台政策减轻学生学费负担。例如，安大略省为大学生提供的减免学费补贴，极大地减轻了学生的财务压力。据安大略省助学项目的数据显示，安大略省为获得学位的学生提供了每人至多 790 美金的奖学金。另外，安大略省政府还向该省大学生提供就业机会补助金、安大略省学生奖学金、安大略省远距离奖学金等项目，从而使包括社区学院在内的高校学生入学人数逐渐增多。

通过设立种类繁多的奖助学金项目，健全高校入学保障体系，这不仅有助于实现整个高等教育系统的公平性追求，更有助于充分利用社区学院这一教育层次实现终身教育的目标。

四、社区学院加快国际化步伐的转型改革

（一）扩大留学生规模

在全球经济一体化的背景下，跨国招生、办学、竞争国际教育市场的现象日益突出。近年来，加拿大已将教育产品开发与服务品质的

---

① Department of Finance Canada. *The Plan-2004*[R]. Ottawa: Department of Finance Canada, 2004: 159-163.

提升视为国家的一项重大事务。因为外国留学生来本国学习，既能提升本国的经济活力、带来丰厚的经济收入，为民众们创造大量就业良机，还可以通过校友的关系为企业提供商机，与此同时，还有利于推广加拿大的价值观和文化，这也是加拿大对外政策中的重要目标之一。因此，联邦政府非常重视海外教育宣传与留学生录取工作。①

加拿大联邦政府在 1992 年 10 月发表《创造我们的未来：加拿大繁荣行动纲领》的报告，突出了国际教育在协助加拿大应对全球化挑战方面的重要性。1993 年 12 月，一份题为《国际教育：亚太地区与加拿大》的教育行销研究报告，由加拿大外交与国际贸易部发表，报告调查了以中国为首的 10 个亚洲国家和地区的留学现状，并对英美澳等国的招生政策和市场营销方法进行了调查，为加拿大教育行销工作提出了 10 条建议。1995 年，联邦政府出版了《加拿大外交政策白皮书》，指出加拿大的对外政策三大目标之一就是价值观与文化传播。加拿大国际贸易部部长马奇于 1997 年 11 月在国际教育局举行的年度会议上重申，国际教育对于推动加拿大对外贸易、经济繁荣和就业有重要作用。

在教育国际化的背景与要求之下，加拿大社区学院采取了一种全球性的发展战略，每年都能吸引很多来自世界各地的学生。比如魁北克省的 Lassar 学院，21 世纪初就有来自 45 个不同国家和地区的 9 000 多名学生。② 乔治布朗学院面向全球招生，具有高中或同等学力、托福 550 分、雅思 6.0 分的外国留学生都可报考。英语水平较低的考生可参加英语加强教学，教学层次一共有 8 个等级，充分满足异国学习者不同层次的学习需要，通过英语考试，学生可以进入相应专业进行学习。大多数学员经过大约半年的密集训练后均可顺利通过考试，进入专业

① 程培英. 加拿大的高等职业技术教育 [J]. 职业技术教育，2000 (25)：56-57.

② 程培英. 加拿大的高等职业技术教育 [J]. 职业技术教育，2000 (25)：56-57.

进修。社区学院的校园文化也因这些来自不同文化和职业背景的留学生的影响而极大地丰富。在课程安排方面，社区学院努力使所开设的课程能够顺利与国际职业资格认证（如牙医、护理、会计等）相衔接以提升学生的国际竞争力。

（二）拓展国际合作项目

许多加拿大社区学院在大力招收外籍学生的同时，也与其他国家的教育机构开展了日益广泛的教育合作，使其在世界范围内的影响力不断扩大。以加拿大社区学院与中国高职院校的合作为例，加拿大百年应用文理与技术学院与辽宁省交通高等专科学校汽车检测与维修技术的联合培养项目每年招收 30 名学生赴加拿大进修 1 年，顺利毕业者可获得安大略省认可的专科文凭；加拿大温士顿学院（Winston College）与长春职业技术学院计算机网络技术专业开展的合作项目每次招生 60 人，毕业生可得到中加双方的毕业证书；加拿大辛尼卡学院（Seneca College）还与石家庄经济学院、常州工业学院等一些应用型本科和高等职业院校进行了合作，为培养高等职业技术技能人才提供了有力支撑。通过扩展国际合作项目，加拿大社区学院不但提升了自身的国际化办学水平，扩大了学院的国际影响，还获得了可观的经费收入，进一步夯实了革新发展的基础。①

---

① LEVIN J S. *Globalizing the Community College* [M]. New York: Saint Martin's Press Inc, 2001: 89.

第三节　加拿大社区学院转型发展时期的成效与不足

一、社区学院转型发展时期的成效

（一）入学率与培养质量显著提升

由于加拿大联邦和各省政府建立、健全评估制度，出台了一系列刺激教育发展的政策，加大了教育财政拨款力度，重视人才培养质量与技能训练，极大地提升了社区学院的学生入学率。在确保规模稳定增长的同时，社区学院通过建立健全学位制度、改革课程与教学等多重举措，进一步提高了人才培养的层次与质量。譬如，加拿大的高等教育完成率在全世界是名列前茅的：根据 2006 年的人口普查，25—64 岁人群中有 60％的人接受过高等教育，而这一成绩的实现与社区学院的改革和发展有着密切关系。

以安大略省为例，其高等学校的入学人数由 2005 年的 33.04 万人上升至 2009 年的 36.4 万人，增长了 10.18％。此外，安大略省麦坚迪政府于 2005 年 5 月推出了一项“提高高等教育水平”的五年计划，将提高安大略省大学的教育质量和就业率。相关资料表明：安大略省社区学院 2005 年毕业生半年后的就业率为 88.9％。[①] 此外，《学习型加拿大：2020》报告出台后，各省加大高等教育领域财政拨款力度，2008—2009 年，安大略省政府共拨款 67.8 亿美元，相当于政府总支出的 7％，对安大略省的高等教育发展起到了积极作用。其中，安大略省政府为社区学院增加拨款，以解决社区学院在发展过程中所面临的物

① 柏檀. 让高等教育质量迈向新高度——加拿大安大略省《高等教育质量回顾与研究报告》解读 [J]. 江苏高教，2011 (5)：153-155.

质条件及环境支持不足的问题，使学校能够更好地关注自身的精神价值和文化价值，从而获得更大的发展。据统计，2009 年加拿大大学和社区学院学生获得学士学位的比率为 38.9%，与美国和英国相比，处于领先地位（美国为 37.8%，英国为 36.7%）。2013 年 11 月，安大略省大学、专科及训练部发表了题为《深化加拿大学院和大学创新》的报告，其中提到安大略省将通过一项生产力与创新基金向省内 120 个研究计划提供资金，以促进省内各院校的创新潜力，以此确保安大略省大学与学院的特色教育质量得到改善。

（二）助力学习型社会的构建

相对基础教育机构而言，高等教育机构在满足学习型社会终身学习需求方面扮演着更为关键的角色。加之社区学院自身的功能与特征，既开设转学课程，又承担培养职业技术人才的重任，学历教育与学位教育兼顾，且入学门槛低，与社区发展需求结合紧密，都决定了社区学院在迎接学习型社会挑战、构建终身教育体系方面承担着重要使命。事实上，到 20 世纪 90 年代以后，社区学院确实已成为加拿大终身教育体系的重要组成部分；同时，学习互联网的构建为社区学院服务终身学习提供了重要条件和便利；社区学院入学保障机制更加健全也成为其服务终身学习的重要保证。

2008 年《学习型加拿大：2020》教育发展计划出台，对加拿大 2008—2020 年的教育发展设定规划，要求强化和完善加拿大的教育体系，让所有加拿大人在人生各个阶段都能获得充分的终身学习机会；并要求到 2020 年，全体国民基本受到过良好教育，共同建立一个富有活力的知识经济社会，一起促进社会可持续发展，继而拓展加拿大人的个人发展机遇。[①] 加拿大社区学院正在以其所掌握的现实和虚拟教育

---

① CMEC. *Learn Canada 2020*[EB/OL]. http://www. cmec. ca/ Press/2003/ Pages/ 2008-04-15. aspx

资源，服务处于不同年龄阶段、具有不同学习风格倾向的学习者的多样化学习需求，其专业设置、课程设置、教学安排根据学生身份、学习需求、岗位性质等多方面因素进行，为学生设计个性化、具体化的专业发展规划。

（三）不断加速的国际化进程

随着全球经济一体化进程的推进，各国教育交流的频次规模日益增长。1995 年，全球大约有 150 万人赴国外留学，留学生教育迅速成长为一个快速增长的重要产业。加拿大加大招生计划，采取直派或委托等方式，指定专人负责开办展览，以此扩大学校影响力，招收并吸引外国留学生。自上而下成立加拿大国际教育局和各省的国际教育中心，统筹管理国内、省内高校海外招生工作，开创树立留学美誉度。如 1998 年新年伊始，以时任加拿大总理克雷蒂安为首的“加拿大团队”出访拉丁美洲一些国家，当时，就有 18 所大学和社区学院的校长以及部分省份的教育机构负责人跟随出访，目的是宣传推介加拿大高等教育。①

除此之外，对东欧、中东和中亚地区招生的力度也在加大。中国近年来经济的持续稳定增长，早已成为加拿大高校重点招收留学生的目标国家之一。自 1998 年起，加拿大高校重点委派某些中介公司，在我国南方和沿海地区进行招生宣传，吸引了越来越多的留学生赴加拿大攻读学位，其中就读社区学院的学生占比不菲。

进入 20 世纪 90 年代后，如美国、英国和澳大利亚等国际学生的主要接受国为赢得更大的国际教育市场份额纷纷制定了自己的行销战略，并进行了积极主动的促销宣传。② 加拿大压力倍增，着力加强海外招生

---

① HANSON C M. *Globalizing the Community College: Strategies for Change in the Twenty-First Century* (*Review*)[J]. The Journal of Higher Education, 2003, 74(3): 357-359.

② ALTBACH P G. *International Higher Education: An Encyclopedia* [M]. New York: Garland Publishing, 1991: 89.

工作。加拿大对外经贸司于 1993 年 12 月发布了一篇教育行销研究报告，题目是《国际教育：亚太地区与加拿大》。该报告考察了包括中国在内的 10 个亚洲国家和地区的留学情况，分析了该地区留学生的生源地、毕业走向和原因，研究了美、英等留学生大国招收外国留学生的政策和行销办法。[①] 加拿大对外政策中，文化是三个重要的外交支柱之一，在 1995 年出台的对外政策白皮书中，加拿大就提出了 3 项重要的对外政策：推动经济繁荣与就业、维护稳定的国际架构、推动加拿大价值观与文化的传播。1997 年 11 月加拿大国际贸易部长马奇出席国际教育局举办的年会时发表讲话，强调加强国际教育交流对加拿大对外贸易、繁荣经济、创造就业等方面的重要意义，起到了积极的促进作用，同时，加拿大政府计划在 20 世纪末再投资建立 15 个海外教育中心以扩大其影响。[②]

进入 21 世纪之后，受益于加拿大较为宽松的移民政策和留学政策，加拿大移民数量逐渐增加。尤其是近几年，加拿大移民数据稳步增长，2019 年，加拿大总计接受了 34.1 万移民，创下接收国际移民的新纪录。[③] 社区学院也在留学生教育和移民技能培训方面发挥着越来越重要的作用，国内外学者对加拿大社区学院教育体系开展广泛的研究，进一步扩大了加拿大教育产业体系的国际影响力。未来，随着加拿大移民数量的稳步增长，会有越来越多的留学生和移民走进社区学院接受教育与培训，加拿大社区学院的国际影响力势必进一步扩大。

---

① 王仲达. 加拿大教育动态与研究（1996—1998）［M］. 北京：教育科学出版社，1999：153-154.

② 林元旦. 经济全球化与高等教育国际化［J］. 广西社会科学，2005（1）：184-186.

③ 北京大学加拿大研究中心. 加拿大研究［M］. 北京：民族出版社，2004：282.

二、社区学院转型发展时期存在的不足

（一）社区学院体系的全国协调机制有待加强

由于加拿大教育体系分权而治的典型特征，倚重地方力量办学，而较为忽视教育体系总体发展的关联与协调性，这几乎成为多年以来一直困扰加拿大高等教育发展的顽疾。在加拿大，联邦政府对于各省高等教育的管理与规划可谓是“边缘管理”，而各省行使的是主导高等教育发展的所谓“列举权力”，对于某些涉及教育的“边缘地带”，联邦政府则有权从国家利益出发，行使其“保留权力”。这一体制虽然充分调动了各省发展高等教育的自主性，有利于各省因地制宜、因时制宜地发展满足本省、本地需求的社区学院，但同时也带来了一个问题，即造成了省政府对高等教育规划与资源利用的狭窄视角，无法从整体上考虑国家的整体利益与需求，从而影响到高等教育资源的整体配置，导致了教育资源在某种程度上的虚掷与浪费。因此，如何在全国范围内协调教育体系的管理机制，对于社区学院的发展也是一个需要继续思考和解决的问题。①

（二）各省社区学院发展依旧呈现不平衡态势

同样，与分权而治的特征相关，各省社区学院发展的不均衡态势仍十分明显。由于加拿大各省的经济发展水平、生产模式、人口与文化特征以及教育事业的基础等方面均存在着巨大差异，各省份社区学院的发展规模、水平与体系化程度参差不齐，部分省份高等教育财政政策缺乏系统性，从而不利于高等教育制定合理的发展规划。另外，各省对地方高等教育的掌管、干涉程度和方式也各不相同，各省政府

---

① 皮国萃．加拿大社区学院行政管理体制研究［J］．重庆高教研究，2014，2（3）：96-100.

对于社区学院发展的支持往往是通过省级立法和每年的财政预算实现的。省政府有权批准建立新的学院，并决定向全省各高等教育机构提供多少资金支持，同时制定有关教师资格等方面的政策。市政府还会对城市内的高校（尤其是社区学院）产生一定的影响，通过征收资产税、个人收入调节税等方式来支持学校的发展，从而使其与当地的经济发展和民众的需要相协调。由此可见，由地方主导的各省社区学院发展的不平衡态势，也需加强全国范围的高等教育宏观调控机制才有望得到改善。

第五章　“二战”后加拿大社区学院发展的经验及其启示

“二战”后，加拿大社区学院的发展取得了显著成就，这与社区学院不断清晰自身定位，努力凸显独特的育人价值，以及评估、改革保障社区学院的高质量办学有着密切关系。同时，来自联邦政府和各省政府的立法与财政支持，以及来自社会各界的高度关注与积极扶持同样不可或缺。加拿大社区学院的成功实践为我国高职院校的改革和发展提供了有益借鉴与启示。

“十三五”建设期间，我国将职业教育确立为重点发展的教育类型，试图打破原有模式，探索一条纵向贯通、横向融通的现代化职业教育体系，将“育人”作为职业教育的核心要义并积极探索产教融合的办学模式改革。但“高质量发展”这一核心主题仍不够突出，职业教育“现代性”内涵仍需不断充实和完善。借鉴加拿大社区学院发展经验，明确发展战略、定位，完善体制机制建设，增加经费投入，深化产教融合，加强规划与评估，提高育人质量，强化技术人才输出等都是值得借鉴的改革路径与努力方向。

第一节 加拿大社区学院发展的经验

一、努力凸显独特的人才培养价值，为社区学院赢得发展空间

加拿大的社区学院教育，其成功的核心原因是建立其在现代高等教育中的地位，赢得社会的尊敬和认同。加拿大社区学院在发展的进程中一直把人才培养标准与素质提升放在第一位，积极探索灵活、有效的人才培养机制，并逐步形成了具有社区学院特色的人才培养模式。①

一是理论联系实际的人才培养模式得到切实运用。随着经济与科技的发展，专业和应用型人才的质量要求也在不断地提高，仅有一定的技术水平，已不能很好地满足现代科学技术的发展和工业转型的需要。加拿大社区学院敏锐地意识到了这种变化，并在其实践中积极探索能够适应这类要求的人才培养模式。比如，加拿大社区学院的许多专业课程都是以学科理论知识教学与职业实践活动相结合的形式来设计的。学生在完成学业时就具备了扎实的专业知识与技能，可以选择技术操作类的工作，也可选择与学科知识探索相关的工作，从而拓展了就业机会。

二是教师队伍建设优质卓越。加拿大社区学院在发展过程中最主要的任务就是培养理论和实践相结合的中、高级职业技术人才，为了更好地完成这一使命，加拿大联邦和各省政府在社区学院教师队伍建设这一人才培养的关键环节进行了积极探索和努力，强化“双师型”

---

① Association of Universities and Colleges of Canada. *Trends in Higher Education*: *Volume 2. Faculty*[M]. Ottawa: The Association of Universities and Colleges of Canada, 2007: 93-96.

教师队伍建设，逐步形成了理论和实践并重、学术和技术相辅相成、专职与兼职相结合的师资队伍特点。从20世纪60年代开始，加拿大的社区学院中兼职教师所占的比重一直在上升，目前已经超过60%，远远超出了专职教师的人数，通过广泛聘请社会兼职教师、开展全员性培训等方式，提升专职教师教学水平和专业水准，加强专职教师的企业实践，通过知识、技术、技能等多方面的培养，全方位地切实提高了专职教师的实践性知识水平与教学能力。

三是建立科学和完善的课程教学系统。经过多年发展，加拿大社区学院的CBE模块化教学模式中建立的DACUM（Developing a Curriculum）课程开发体系在教育教学过程中体现出极大优势。CBE模块化教学模式下，学生入学时间和学习项目的选择都更为自由，DACUM职业能力分析体系由行业专家组成的专家团对于市场需求进行科学性分析，针对学生个人发展情况确定适应其发展的培养目标，并以岗位能力表的形式为学生制定专业的人才培养方案。作为加拿大产教两界紧密联结、互促发展的重要形式之一，通过设置对应不同专项技能的模块，对技能学习指导、教材及其他教学辅助内容进行科学性设定。专家团内的分析人员主要由行业经验丰富的从业者、管理者、技术人员和销售人员担任，综合产品流通各环节，从综合能力和专项能力等多方面制定培养标准；并根据在实践领域中反馈的信息和市场变化对DACUM体系表中内容进行及时的更新与重建，一般每5年重订一次，且每年都要根据实际情况进行适度修订和微调。这一体系不仅兼顾了学科知识的科学性，也适应了实际的市场和社会需求。在教育教学过程中，对于本行业需要掌握的技术和专业知识、工作目标、学习任务以及掌握标准等内容都能有更进一步的科学、系统、实时的感受，进而对学生能力目标的实现、知识技能的掌握都具有十分重要的影响。这种方式既有效地突出了学生能力培养的核心目标，又实时反映市场需要，缩小所学与所用之间的可能差距，使得新的专业在课程开发上更加科学，确保“所学”为了“所用”。① 如图 5-1 所示。

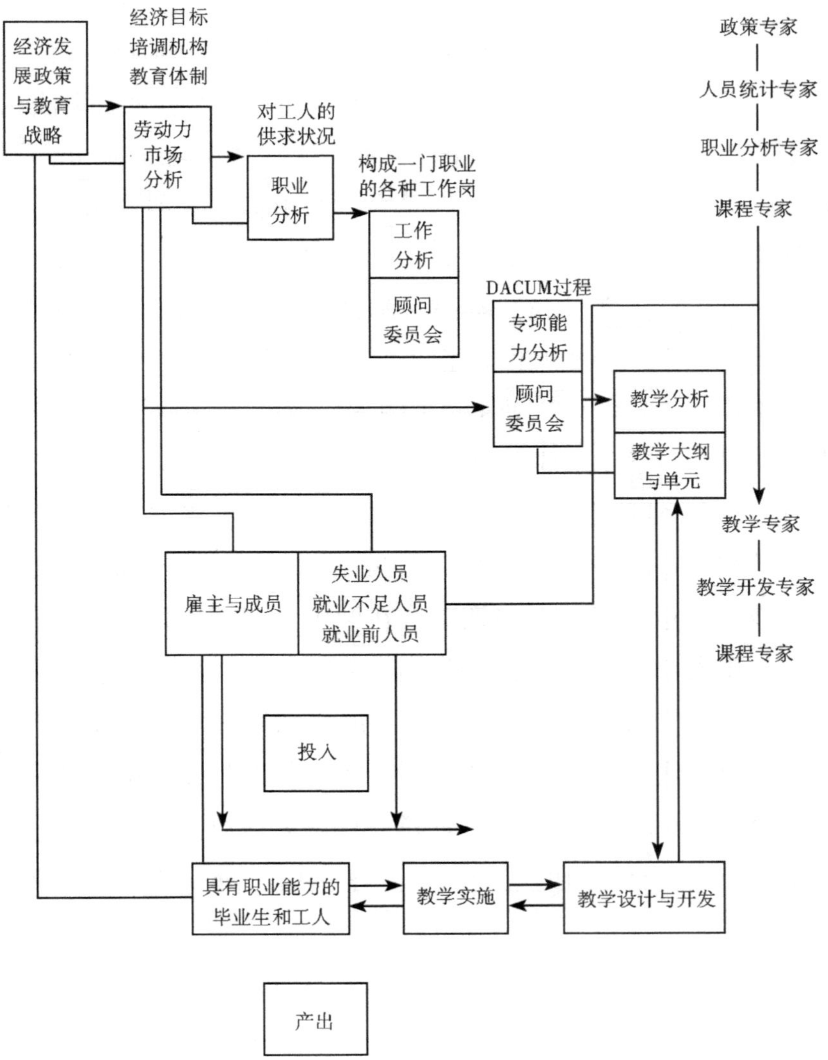

图 5-1 加拿大的 CBE 体系

---

① LEVIN J S. *The Revised Institution: The Community College Mission at the End of the Twentieth Century*[J]. Community College Review, 2000, 28(2): 1-26.

四是健全就业支持体系，不断提升就业率。加拿大社区学院已经形成了较为完善的就业支持系统。首先，加拿大社区学院的职业资格认证体系在世界高等职业教育领域起到了很好的典范作用。在加拿大的 7 000 多个职业岗位中，文化程度与职业培训是两个重点考核因素。①在严格的就业准入制度下，这两项硬性指标有一条不满足就无法从业。在知识获得和职业技能培训这两个方面，社区学院与行业协会携手，将职业认证体系和所教授课程紧密结合，力求做到产教融合，不仅增强了社区学科课程的吸引力、提高了学习内容的实操性与实用性，还增强了社区学院所授文凭和资格证书的社会认可度和雇主信任度。同时，加拿大社区学院为此还建立了一套全程、多方位的生涯辅导系统。社区学院都设有指导学生就业的专门机构，为学生就业的相关问题提供专业的指导。将学生的职业发展与职业规划作为贯穿其整个学程的重要内容。加拿大社区学院对于学生的就业指导不仅仅停留在学生的在校学习阶段，在学生入学之前，学院就通过对于社会需求的调查，对学校开设的专业进行设置与调整。在学生学习期满之后，还有就业部专门联系用人单位到校洽谈、招聘，帮助学生与企业进行双向选择。另外，建立全方位的职业指导体系也是加拿大社区学院在学生教育培养中一个重要的依靠。学生在校期间的日常课程和教学中全程融入就业指导内容，浸润式地引导学生做好自身长远职业规划。对于学生的具体问题，还配备有专门的辅导教师在学生的心理和职业规划等方面进行多角度专业指导。

良好的就业支持系统造就了加拿大社区学院毕业生的高就业率。根据加拿大社区学院联合会的统计数据，2015 至 2018 年高等院校毕业生就业率达到 97%，在这一比例中，90%的毕业生能够找到适合自己

① 加拿大人力和移民部. 职业岗位分类词典［M］. 国家教委规划办公室，译. 北京：高等教育出版社，2011：26.

的工作，85%—90%的毕业生对自己现在的工作非常满意。① 加拿大社区学院之所以能够保持如此高水平的就业率和就业满意度，与社区学院全方位、立体式的职业教育指导体系密不可分。

五是不断调动社会和企业参与的积极性。为企业输送优质的专业技术人才是加拿大社区学院教育的首要目标，因此社区学院积极采取有效措施，充分调动企业办学的积极性，使其积极地投入到社区学院的教育和教学中去，真正实现“校企合一”的办学理念。这一模式带来的好处包括：学生在公司的学习经验可以得到学分，获得一定的工资收入，并掌握工作技巧；而社区学院可以与相关公司建立紧密的关系，让其专业成长更符合公司需要，促进公司文化的发展。

二、积极争取立法与财政支持，为社区学院发展夯实基础

社区学院相较于传统的高等教育，尤其是传统四年制大学，出现较晚，历史较短，且在相当长的一段时期内其人才培养质量、水平等都远远不及传统大学，因而在高等教育领域的作用并未得到充分体现。为了赋予社区学院明确的地位，切实保障社区学院教育功能的正常发挥，加拿大通过立法形式为社区学院发展提供制度保障。②

社区学院相关立法是加拿大最早制定和执行的教育法律。健全的社区学院教育立法，在政府的教育管理中发挥着重要作用，并在一定程度上加强了国家在教育领域的引导与控制。1867 年，《不列颠北美法案》获得英国国会的批准，加拿大从那时起就成为一个英属自治领，并逐渐向主权国家过渡，后逐步形成了一个地方分权的、独立建制的

① 郑卫东. 加拿大、德国、日本高校的人才战略及其启示与建议 [J]. 高等农业教育，2006 (1)：90-92.

② POSKANZER S G. *Higher Education Law: The Faculty*[M]. Baltimore and London: The Johns Hopkins University Press, 2002: 141.

国家行政体系。《不列颠北美法案》在国家管理职责方面做出了明确划分，赋予各省政府发展、管理教育权利的合法性和自主性，并确定了地方分权、自主办学格局。加拿大的教育事业从此有了一个清晰的轮廓：联邦与地方政府各司其职，联邦不对地方政府的教育举措直接干预。各地也依照该法第九十三条，实行依法治教，逐渐健全当地的教育立法与体制。在《权利与自由宪章》（《1982 年宪法法案》）正式出台以后，加拿大各省的公共教育内容被完善、丰富，在教育权利方面也进行了更为系统的规范。

“二战”后，联邦政府对社区学院的健康发展起到了积极的促进作用。如前所述，加拿大联邦在各省教育的“列举权力”之外，实施了“保留权力”，制定了一系列干预教育、促进社区学院发展的相关立法。其初始于帮助“二战”退役士兵就业而资助高等教育与职业培训的《技术和职业培训资助法案》于 1960 年获得通过。该法案提出，政府将专项资金用于教育、教学设备的购置和技术学院、技术培训中心的建设等，并将技术教育课程纳入教育学学士学位取得的课程必备要求之一。1950—1990 年间，加拿大社区学院体系发展起来，对完善中学后学生的技能培养和继续教育提供了重要的教育体系保障与依托。从 20 世纪 60 年代开始，加拿大各省先后建立的多伦多瑞尔森大学（Ryerson University）、魁北克蒙特利尔工程学院（University of Montreal School of Engineering）、曼尼托巴红河学院、阿尔伯塔省北阿尔伯塔理工学院（Northern Alberta Institute of Technology）和南阿尔伯塔理工学院（South Alberta Institute of Technology）等都是加拿大公立社区学院发展的典范。

加拿大各省以立法形式赋予社区学院明确的法律地位，确保社区学院享有与传统大学同等或类似的权利，这一举措对社区学院的健康发展起到了不可替代的推动作用。在法律、政策的积极引导和保障下，社区学院逐渐改变了自身被边缘化的处境以及在民众心目中被忽视的地位，如表 5-1 所示。

表 5-1 “二战”后与社区学院相关的代表性立法①

省份	法律依据	省级管理委员会	董事会	教职工与学生代表	资金来源
不列颠哥伦比亚省	《公共学校法案》	学术委员会（以大学和社区学院为对象）由 9 人组成，其中 6 人由大学指定，3 人由政府推荐	称“学院委员会”，政府直接管控，成员必须有校长和董事会主席	无	省政府垫付 60%，地方税收支持 40%
阿尔伯塔省	《学院法案》（1969 年）	阿尔伯塔大学理事会 9 人，均由政府指定，3 人为教育部的副部长	8 个会员，5 个由政府指定，3 个为社区学院成员（1 个是老师，1 个是学生，1 个是院长）	规定必须有 1 名教师和 1 名学生	全部资金来自政府，没有地方税金，学费最低
安大略省	《教育部修正案》（1965 年）	学院理事会，15 位成员均由政府指定	共 12 个成员，4 个由当地政府指定，8 个由学院委员会指定	必须有教师和学生代表	全部资金来自政府，学费低廉
魁北克省	《普通与职业教育学院法案》（1967 年）	—	19 位会员，包括 5 位社区代表、4 位教授、4 位家长、2 位学生，均由政府指定	必须有 4 名教师、2 名学生和系主任	全部资金来自政府，免收学费

此外，社区学院的发展还有赖于各级政府相关财政政策的推行，为其提供了相对充足的资金保障。1967 年，联邦政府颁布了《成人职

① CAMPBELL G. *Community Colleges in Canada*[M]. Toronto, New York and London: Ryerson Press, 1971: 22.

业培训法》。该法案授权联邦政府可以自主决定成人培训的形式和地点，且不受各省权限的限制。这项法律被认为是继联邦政府为帮助“二战”退役军人就业而资助职业培训后，更深入、直接参与各省职业培训的重要举措。法律授权联邦政府在各省政府的同意下，购买各省公立教育机构、私立培训学校和行业培训机构的职业培训服务，加拿大社区学院的发展由此获得了更为有力的经费支持。

来自各级政府的资金支助是加拿大社区学院迅速发展的最直接原因之一。例如，安大略省充分意识到了联邦资金对社区学院发展的重要性，完全接受了联邦资金并积极联系其他省份谋求联邦政府更多的资金支持。事实上，安大略省社区学院的发展历史也说明，没有联邦政府的资金支持，社区学院就难以取得如此成就。

1967 年联邦政府通过的《联邦与省财政安排法》，重新安排了联邦政府对各省高等教育的投入事宜。联邦政府以及各省的高等教育政策在大量资金的支持下，赢得了良好的社会公信力和教育效果，这使得政府和地方实现了共赢。这种双赢局面可谓联邦和各省政府在高等教育中各种投入的积极回报。①

三、与传统高等教育形成良性互补的发展格局

加拿大社区学院一直主动探索与传统高等教育尤其是传统大学之间良性关系的建立。在高等教育体制日趋多样化的今天，依托与传统高校的合作，社区学院以其优势互补的结构样态和良性互动的发展模式，为自身发展赢得了广阔的发展空间。

一是与传统高校形成了“优势互补”的发展结构。随着科学技术

---

① DENNISON J D, GALLAGHER P. *Canada's Community Colleges: A Critical Analysis*[M]. Vancouver: University of British Columbia Press, 1986: 41.

突飞猛进的发展和随之而来产业结构的重组与调整，对中高级技术型人才的需求在各行业都十分旺盛。[①] 在实际生产中，这些中高层次的技术人才通常是作为高级专门人才的助手，而后者则是在传统高校中培养的。加拿大社区学院的鲜明特点之一，即不谋求在传统高校所擅长的功能方面与之抗衡，而是积极挖掘新的社会需要，同时能充分发挥其自身的优势和特点。

一方面，随着经济社会的发展，传统高校在普及教育需求不断增加的情况下，已经显得力不从心，若违背教育规律，违背量力性原则，不仅会削弱传统高校的优势，降低办学水平，也不能有效地适应大众化的时代要求，只会导致“双输”局面的出现。而社区学院则在传统高校难以施展其效力的“真空”地带发现了自身发展的空间。社区学院具有竞争力的开放性招生、相对低廉的学费水平、灵活的学习制度、实用性更强的课程设置、专业的就业指导和职业导向都成为有别于传统大学的独特办学特色，作为承担高等教育大众化、普及化的强有力主体，社区学院不仅在很大程度上拓展着自身的发展空间，而且在事实上起到了“泄压阀”的作用——减轻了传统大学所受到的“大众化”的冲击，使其能够保持自身的办学特征，专注于在自身的优势领域，从而最终形成了社会、传统大学和社区学院三方多赢的局面。

另一方面，社区学院在专业设置上也与传统大学形成互补关系。根据“社会经济第一线”原则，加拿大社区学院的专业设置较之传统大学，对于社会经济发展的反应更加灵敏，能针对社会经济发展动态与职业岗位变迁适时对学院专业进行调整。各省行业协会把准市场动向，经由董事会上报批准，及时进行专业变更，做出符合市场和社会需求的及时性反应。加拿大社区学院专业设置呈现如下特征：首先，

① 朱文富，何振海. 外国短期高等教育史［M］. 北京：人民出版社，2019：347-348.

社区学院的专业设置是现实需求导向的，把准市场对人才的需求，将专业设置的目标锁定在社会需求上，培养具有就业优势的专业性人才；其次，社区学院的专业设置具有时代创新性，针对新兴生产领域发展状况，经过精准的调查研究和科学的理论论证以及市场预测，研判出针对新型行业发展的专业；再次是专业设置的多层次性，加拿大社区学院的专业设置根据岗位性质、学生身份、学习需求等多方面因素，为学生设置个性化、具体化的专业规划。学生无论是何种身份，抱着何种目的进校学习，总能够在社区学院找到适合自己职业发展的专业。这也是传统大学特别是从事基础学科研究和教学的院校无法实现的，因而亦形成了明晰的互补关系。

二是与传统高校建立多元化的合作途径。加拿大社区学院通过功能差异化的分工，与传统高校建立起互补性关系，并在自身发展的过程中积极拓展与传统大学的合作方式，拓阔了自身在未来发展中的作用空间，增加了学生的受教育机会与能力素质，在更宽广的领域实现了教育公平。比如，社区学院在课程设计上，就充分考虑了与其他高校之间的联系与合作。在社区学院几十年的发展历程中，虽然社区学院功能一直在不断扩大并变化，但是其转学教育功能却一直保持至今。除了最普遍的转学方式之外，双方还在资源共享、课程体系建设、教师专业发展等方面进行了多层次的丰富互动。

三是逐渐获得学位授予权。从社区学院的历史进程来看，社区学院发展成为大学学院的趋势日益显著，并逐渐获得了学位授予权。社区学院的改革创新不仅体现在教学内容与方式上的突破，授予学位的权利也是社区学院一直争取的目标。加拿大第一所大学学院卡普顿大学（Cape Breton University）是从不列颠海角大学学院发展而来的，20世纪 80 年代成立于新斯科舍省。该大学学院既保留了东新斯科舍技术学院的职业技术性，又融入了萨维尔初级学院可以授予学位的高等院校性质。自 1990 年开始，不列颠哥伦比亚大学引入了"混合"体制

(即大学学院体制)，提供学历证书和文凭；到 2008 年，5 个大学学院升级成为大学。经过长期发展，其他省份也认识到了大学学院的优势所在，陆续开始本省的大学学院建设。如 1995—1996 年阿尔伯塔省开始具有职业学院性质且能授予学位的大学学院建设，并面向学生授予应用型学士学位；1998 年，不列颠哥伦比亚省政府 5 所社区学院更名为大学学院；2000 年，安大略省面向社区学院开放了一个“应用型研究”的途径，并能授予学位。大学学院将社区学院和综合性大学的优势集中结合，既延续了职业技术类院校发展的专业优势，也满足了学生对于学位的要求，保证了学生在通过学习取得职业技能证书后还有专业学位的支持，以便于学生获得广阔的就业空间和丰富的发展机会。①

此外，随着加拿大移民政策的进一步推进，越来越多的移民进入加拿大。移民和留学生不仅需要学到专业的技能培训，还需要获取学位证书，以得到加拿大（乃至其他国家）的认可，提升自身“含金量”，以便尽快融入加拿大社会，快速加入社会经济建设之中。社区学院对于外来移民者来说无疑是一种非常重要的选择。在社区学院的学习，不仅能帮助外来移民熟悉本地环境、结交朋友、克服语言障碍，还可以帮助移民者迅速了解本地经济发展情况、社会需求、劳动力市场需要等多方面信息；最重要的是培养移民者学习适应当地经济发展的一技之长，这也是有助于地方经济发展和社会稳定的有力途径之一。因此可以预期，为进一步提升加拿大国际教育的影响力，将会有越来越多的省份出台政策支持社区学院发展成为大学学院，进一步提升社区学院的办学水平和竞争力。

总之，社区学院出现后所采取的优势互补、良性互动的策略，对其发展有着重大的影响，不但没有被传统高校排斥，反而由于其起到

---

① 柴田. 加拿大高等教育治理模式研究 [D]. 西安：陕西师范大学，2016.

“防波堤”的作用而获得了后者的大力支持，从而为其快速发展成为现代高等教育系统的一个重要组成部分开辟了一条崭新的道路。

四、灵活调整办学手段，以改革保障社区学院的高质量办学

加拿大社区学院历经60余年的发展，一直坚持以改革为导向，从建立和完善学位制度，争取和强化办学自主权，坚持以市场为导向、以人为本的发展方向，建立并实施第三方评估体系，不断提高社区学院的办学水平，极大地促进了社区学院的发展。

从总体上看，第三方评估可以更准确、更客观地反映出加拿大教育机构的实际情况，所以，引进第三方评价已成为加拿大探索构建合理、有效的社区学院评价体系的一项重要措施。加拿大自20世纪90年代起开展社区学院评估工作，在各省份设立了社区学院评估委员会、课程审定委员会等。评估委员会负责调查、评估、分析，提出改进意见；课程审定委员会则负责评审、审核、审定社区学院课程，以确保新课程的教学品质。经过不断探索和改革，加拿大的社区学院评估逐渐形成了由政府监督、院校自我评估、第三方评估等多种共同参与的评估机制。其中，引入第三方评估进一步提升了评估结果的准确性和客观性，有利于为社区学院在人才培养上进一步指明方向，这是提高社区学院办学水平的一个重要制度保证。20世纪90年代以后，加拿大对社区学院质量保障的讨论已和学位证书认可所面临的挑战交织在一起，并催生出新的改革举措。许多省份引入质量保障机制，强化外部保障，安大略省中学后教育质量评估董事会、阿尔伯塔省大学质量理事会以及不列颠哥伦比亚省学位授予委员会等机构纷纷成立。①

① 郑卫东. 加拿大、德国、日本高校的人才战略及其启示与建议［J］. 高等农业教育，2006 (1)：90-92.

与此同时，在高网络覆盖率和高信息技术应用率的有力支持下，更多的信息化教学手段被应用于社区学院的教学当中。加拿大社区学院在自身发展过程中也更加注重新设备的引进、计算机类（网络类）课程的开发和相关专业的建设。随着信息技术、网络教学技术和远程教育技术的发展与完善，各省社区学院几乎无一例外地选择开发和建设网络课程资源，建立更为开放的职业技术教育，为更多人群提供内容更丰富的职业技术专门性学习资源。这种教育行为的收效是非常显著的，不仅参与学习的人数不断增加，从而提高了学院的经济收益，扩大学院知名度和影响力，还充分适应了加拿大地广人稀的国情与社会特征，为社会创造了更多价值，推动了加拿大国人的终身学习理念的实践与发展。

第二节 加拿大社区学院发展对我国高等职业教育的启示

“二战”以来加拿大社区学院的兴起及其发展成就，不但改变了加拿大高等教育的传统格局，而且在实践中成为助推经济社会发展，特别是产业经济变革的重要力量。就我国情形而言，当前中国特色社会主义建设步入新时代，我国的高等教育进程也已从大众化步入普及化阶段，如何以更具内涵、更具竞争力的方式发展，成为我国高等教育发展中的重要课题；同时，新一轮技术革命也在深刻改变着我国经济社会发展的结构，特别是对产业经济发展及与之相应的现代职业人才的规模、类型与技能素养提出了新的要求。在这样的时代背景下，对于高职教育改革、新时代教育体系的革新与建设，都是党和人民关注的热点问题。但是，高职教育的改革和发展，不能只局限于其自身视角讨论问题，而应着眼于高等教育的整体架构和宏观的发展趋势，从而正确把握高职教育的发展战略方向。通过对加拿大社区学院的发展经验的学习和借鉴，总结出一条更适合我国高等职业教育高质量发展的可行之路，是我们的应然选择。

一、功能定位清晰：突出高等职业技术教育特色

加拿大社区学院经历了从高等教育体系的边缘逐渐步入中心的转变，在这一进程中，加拿大社区学院的稳步发展，在很大程度上得益于对办学定位、发展方向的不断探索与准确把握，并以此为据制定发展战略，开辟出广阔的生长空间。

社区学院在加拿大诞生之初，是作为对高等教育的“补充”而出现的，这种情况使加拿大各省的社区学院发展在很长一段时间里都落后于传统大学。因此，社区学院也被视为高等教育领域的“二等公民”，导致了社会、公众对其认可度不够，从而影响了其健康发展。[①]但自从社区学院作为一种独立的高等教育形态出现在舞台之上，就凭借其快速发展的步伐促使人们摒弃将之视为高等教育的“补充”或“附庸”的陈旧观念；同时，在体制上，社区学院进一步被确立为现代高等教育系统的重要组成部分，并逐渐与传统高校取得平起平坐的同等位置。在制度中的独立性和平等地位的建立，使得政策制定者在制定和执行有关的政策时，主张把社区学院纳入到高等教育系统的宏观框架之中，而非将其作为传统大学的附属机构。比如职业教育与发展理念、终身教育与终身学习理念、成人教育和社区服务等理念都已发展成为社区学院教育的重要理念支撑，并对现代高等教育进行功能性的拓展和细分。[②]

参照加拿大社区学院的发展实践及经验，我国高等职业教育在制

---

① 曾子达. 加拿大社区学院［M］. 北京：北京大学出版社，1994：52-55.

② GALLAGHER P, DAY M L. *Community Colleges and Lifelong Learning: Canadian Experiences*[J]. Springer International Handbooks of Education, 2001(6): 645-662.

定改革策略时，应从战略的高度来明确高等职业教育的具体定位。

我国高等教育雏形起步于洋务运动时期，19 世纪 60 年代的洋务学校乃其滥觞。但是洋务学校并没有学制体系作为支持，其办学层次不高于今天的专科教育。所以，从这一角度看，我国最初的高等教育更像是职业技术性质的专科教育。直到 1998 年京师大学堂的建立，中国的高等教育才真正算是普通高等教育。即使这样，京师大学堂最初的师范馆、进士馆却仍然具有明显的职业性质。民初，基础文理学院加上专业教育模糊了大学普职教育，蔡元培在北大、郭秉文在东南大学，不同的办学方向将大学文理教育和应用技术教育分开，各自办出了特色，以至于北大将工科教育调整到北洋大学（现在的天津大学）。而民国中期的单科大学则更像是专门教育。随着“高师改大”以及地方综合大学的创办，综合大学才在普通大学教育中站稳了脚跟。中华人民共和国成立之初学习苏联，又进行了院校调整，综合大学被削弱，行业性单科性学院大量出现。

在这一演变过程中，职业教育一直处于中等层次，专科教育一直属于普通高等教育。而且民国时期的专门学校的办学层次并不比本科低，两者只有学校类别之分，没有本专科层次之分。改革开放以来，我国现代化进程加速，科学技术是第一生产力被广泛认同并作为客观规律遵从。中等职业教育规模扩大，高等技术人才短缺，高职高专呼之欲出。这其中成分复杂，原来的专科学校只占一小部分，中专、技校合并升格或者独立升格，一小部分新建专科层次职业教育学校、部分厂矿企业、行业系统以及社会成人教育学校整合力量升格，构成了高等职业教育，其主体是高职高专和一小部分本科层次的应用型大学。

可见，与加拿大社区学院相似，大部分高职高专来自中等职业教育学校的整合与升格。因此，借鉴加拿大社区学院的办学经验，突出自身办学特色，突出职业类、技术技能类课程特色，以实用型、技能型、实践型课程为主，与传统大学的学术性、学科化、系统性课程体系相区别，突出完成高职高专所承担的功能，为工商业技术技能培养人才，为区域经济、社会发展服务，才能办出类型特色，完成社会赋能，与普通高等教育错位发展，并驾齐驱，成为高等教育的有机组成部分，形成我国高等教育良好生态体系。变层次劣势为类型优势，走出“底层教育”“学历歧视”窠臼。

在培养效果上，力求以高技能、重实用实现高就业，吸引优秀生源选择高等职业教育，提升高等职业教育的社会地位。

二、体制机制创新：激励高等职业教育快速发展

加拿大联邦政府于 1945 年通过了专门帮助退役军人接受职业培训、重返社会和就业的《退役军人再安置法》（Veterans Resettlement Act），这部法律开辟了联邦干预和资助省级高等教育的先河，大学在向退役军人敞开大门的同时，也向普通工薪阶层子弟敞开了大门。公众对大学教育的需求由此旺盛，入学需求增大，高等教育成为政府面对和处置社会问题的重要工具，政府资金投入亦成为高等教育发展的重要资金来源。这样，社区学院应运而生。这种联邦政府对高等教育持续投资的模式从战后开始一直持续了将近 20 年，有效刺激和带动了社区学院的发展和勃兴，促进了高等教育的世俗化和大众化。

这一经验说明，体制机制的创新能够冲破高等职业教育的发展瓶颈，激励和促进这一高等教育新样态的产生和发展，其实质是政府针对高等职业教育发展中的问题，持续依法重视、拨款资助，带动地方政府和社会投资，最终引导高等职业教育这一新样态的高等教育形态学校的发展，这就是体制机制创新的力量。

新时代新发展阶段，我国高等职业教育发展依然存在着发展不充分、不平衡问题，距离社会主义现代化国家的建设需要还有很大差距。要直面目前的问题，实事求是，研判高等职业教育体制机制改革的重

要意义，找准切入点和出发点，做足实现职教现代化的必要功课，[①] 从而完善我国社会主义现代化高等教育体系建设。

（一）加强立法，强化高等职业教育高质量发展的法治基础

现代职业教育体系的建立以及高等教育体系的完善，离不开政策、制度的促进和保障。从加拿大社区学院发展轨迹来看，联邦和各省政府给予了社区学院较大的法律、政策、制度支持，使得社区学院的发展有法可依，有制可据。2022 年 4 月 20 日，第十三届全国人民代表大会常务委员会第三十四次会议修订了《中华人民共和国职业教育法》（以下称“新《职教法》”），开宗明义，指出该法的宗旨是“为了推动职业教育高质量发展，提高劳动者素质和技术技能水平，促进就业创业，建设教育强国、人力资源强国和技能型社会，推进社会主义现代化建设”。“新《职教法》”从法律层面规定了职业教育的管理体系应当由政府统筹、以地方为主、实行分级管理、加强行业指导、深化校企合作和扩大社会参与。国务院应当建立职业教育工作协调机制，宏观调控、统筹规划、综合考量我国职业教育工作开展，各级政府部门要具体负责本级辖区范围内职业院校发展的具体事务和工作职责，夯实部委统筹、央地联动、政行校企合作的法律执行机制；明确行业主管部门按照人才需求加强对职业教育的指导，定期发布人才需求信息等；明确职业院校依法享有 5 项办学自主权，依据章程加强自我管理。其中第十五条规定：高等职业学校教育由专科、本科及以上教育层次的高等职业学校和普通高等学校实施。明确了高职院校学生在升学、就业、职业发展等方面与同层次的普通学校学生依法享有平等的机会。

由此，我国职业教育，包括高等职业教育在内的新体制得以确立，

---

① 曹晔. 经济社会发展中的现代职业教育体系建设 [J]. 中国职业技术教育，2021 (22)：5-12.

我国高等职业教育地位得以明确。高等职业教育领域要抓住机遇，从严落实，压实责任，面对新时代的新要求，完善发展体制机制，健全高等职业教育法治体系，在每一个环节都要有与之相适应的完善的制度作为保障，[①] 涉及高水平技术人才的培养、使用、评价和发展等多个环节以及政府、社会、学校等多个主体。提高质量，规范秩序，打破壁垒，避免过度干预，防范不良办学现象，为高等职业教育体系化、科学化、现代化的发展创造优质空间和宽松环境，为创新发展提供制度依托，开辟高等职业教育向更高层次、更高质量发展的空间，建立一个健康的“纵向贯通、横向融通”的现代高等职业教育体系。

（二）建立高等职业教育资助制度，凸显其在高技能人才培养中的地位

相比于普通教育体系，我国职业教育体系属于短板；相对于普通高等教育体系，我国的高等职业教育体系更是处于明显劣势。这一点与加拿大社区学院初立之时类似，与我国的文化教育传统以及经济社会现代化程度低下相关。因此，我国要实现高等职业教育的异军突起，就要借鉴加拿大直接和间接资助社区学院的经验，形成制度，鼓励高等职业教育快速发展。我国“新《职教法》”第二十一条规定：“国家根据产业布局和行业发展需要，采取措施，大力发展先进制造等产业需要的新兴专业，支持高水平职业学校、专业建设。”这就说明，国家会根据经济社会发展资助某些职业教育机构和专业，发挥中央政府在发展职业教育中的引导作用，省级和市级地方政府也应该抓住机会，瞄准当地产业行业布局对高水平技术型人才需求，加大投资力度，扩大人才供给，引领新兴产业和先进制造业占领制高点，创新发展。

加大职业教育经费投入，改善职业院校办学条件，是办好职业教

---

① 霍丽娟，唐振华，任锁平．职业教育提质培优：全面施工与未来展望——全面启动实施提质培优行动计划综述［J］．中国职业技术教育，2021（18）：5-14.

育的基本物质保障，也是确保职业教育高质量可持续发展的根本。加大政府经费与资金支持力度，办好高质量的职业教育，为产业和社会提供大批高素质劳动者，是世界各主要发达经济体发展过程中一条重要经验，高等职业教育更是这样，加拿大社区学院快速发展就证明了这一点。近年来，随着职业教育的发展，我国职业教育经费投入逐年增加，然而由于职业教育投入的底子薄、历史欠账多，现有投入还无法完全满足职业教育快速发展的需要，与职业教育的现有办学规模还不十分匹配。目前，我国共有职业院校 1.12 万所，在校生超过 2 915 万人，已经建成了世界上规模最大的职业教育体系，而发展职业教育本身就是一项需要高投入的事业，特别是在我国建设现代化职业教育体系的今天，切实改善高职院校的办学条件，加快职业教育发展水平和教学质量，都需要大量资金支持。由于需要购买专业的先进仪器和高新技术，根据联合国教科文组织的相关统计，职业教育的办学成本是普通教育的 2—3 倍。

自 2012 年以来，我国财政性教育经费支出占当年 GDP 比例连续 10 年保持在 4%以上。2020 年，全国教育经费投入共计 53 013 亿元，中职学校 2 871 亿元，约占同层次学校总体的 34%；高职专科 2 758 亿元，占高等教育投入的 19.7%。

我国各级教育普及程度达到或超过中高收入国家平均水平，其中义务教育普及程度达到世界高收入国家平均水平，高等教育实现了从大众化到普及化的历史性跨越。这说明，教育投资结构要优化，要面向高质量教育体系建设投资，向教育发展重点领域倾斜。“新《职教法》”明确了重点支持、地方为主的职业教育经费投入机制，确定国家优化教育经费支出结构，强调职业教育经费分配合理比例，多渠道依法筹集发展资金，使经费投入与职业教育发展需求相适应；明确本地区职业院校生均经费标准由省级政府制定，职业学校举办者按照标准按时、足额拨付经费；责成各级政府按照事权和支出责任相适应的原则，根据职业教育办学规模、培养成本和办学质量等落实经费，并加强预算绩效管理，提高资金使用效益。在全球新冠疫情蔓延导致的经济不确定性情况下增大投入尤为不易，为此各级政府都在协同努力。①

在教育普及的背景下，重点发展高等职业教育对高等教育结构优化至关重要。地方政府是保障我国高等职业教育经费投入的主体，国家教育主管部门要协调各地和各部门厘清分工，落实责任，合力保障高等职业教育办学条件。省级教育主管部门要科学测算高等职业教育经费投入缺口，推动各地完善生均拨款制度落实，建立与办学规模、培养成本、办学质量相适应的经费投入机制。同时，要将地方对高等职业教育经费的投入情况纳入督查激励各省份、产教融合型城市遴选评审指标，并加大赋分权重，将每年各地对“新增教育经费向高等职业教育倾斜”落实情况纳入对省级人民政府履行教育职责督导评价中，推动地方加大高等职业教育投入力度。此外，要加快推动股份制、混合所有制职业院校办学模式改革，积极支持社会力量兴办高等职业教育，落实好教育费附加和地方教育附加抵扣政策。

三、办学空间开放：拓展高等职业教育社会服务功能

加拿大社区学院自兴办之日起就显示出开放办学性质：一是其专业设置紧紧贴近实际实用，贴近技术技能，贴近就业运用；二是多样性办学模式，如采取应用文理学院加成人教育中心、美国加州式、职业教育式、经纪人式、普通教育加职业教育式，等等；三是与中等职业教育机构联合举办社区学院；四是与大学联合与合作，通过学分认

---

① 中华人民共和国职业教育法［EB/OL］.［2002-4-20］. http://www.moe.gov.cn/jyb_sjzl/sjzl_zcfg/zcfg_jyfl/202204/t20220421_620064.html.

定获取学位；五是跨省域实施联合，或者区域内联合，避免专业重复设置，申办应用型学位教育；六是坚持开放录取原则，扩大生源。这样的办学体制、学制充满了实用性、适应性和灵活性，受到受众欢迎，迎合了社会不同需求，服务功能分化的同时，也扩大了地区、行业覆盖面，提高了服务效率。

我国高等职业教育也在多个方面加大了开放力度，如通过全国统一高考、单招考试、职教高考等多种途径扩大招生规模，实现人才培养与升学的规范化、体系化与大众化。① 2021 年 11 月，教育部办公厅发布了《关于进一步完善高职院校分类考试工作的通知》，对完善招生计划安排、考试内容和形式、招生录取机制、监督管理办法等工作提出了新的要求，对进一步完善高职院校分类考试工作做出了更规范的指引，完成了我国高等职业教育现代化进程中的“关键时刻转折”，打破了“路径依赖”，促进了我国高等职业教育体系开放、高质量构建与长远发展。②

受加拿大社区学院开放性办学的启发，我国高等职业教育还有很多开放性空间需要拓展。首先，建立适合我国新发展格局的职教制度，要统筹教育体系内部层级间的协调适应性，在教育系统内部进行资源的优化配置，打通职业教育发展通道，从中职教育开始，将高等职业教育培养模式、职教本科发展、完善继续教育与终身教育体制贯穿始终。建立健全服务职业教育配套体制、重构社会对于高水平技术人才的培养与认可制度。其次，促进校企合作与产教融合的发展，完善职业技能证书的评价机制，在全社会给予职业技术型人才高度的生活保

---

① 凌磊. 被赋予的多样性：我国“职教高考”制度的困境与出路 [J]. 中国高教研究，2022 (1)：63-68.

② 邱懿，薛澜. 我国高等职业教育考试招生制度现状、问题与展望 [J]. 中国考试，2021 (5)：33-39+55.

障与发展空间，企业为职业技术型人才提供更丰富的鼓励机制等。① 再次，由政府进行组织与协调，制定出一个适合职业教育长远可持续发展的中长期制度建设总体规划。② 加大高等职业教育院校间及其与大学、中等职业教育机构的联合合作，打破出身壁垒，实施整合升级，构建上下贯通、横向通达的开放的高等职业教育体系。另外，改变原有单一陈旧的教育模式，还有利于建设一个更适合社会经济发展、市场选择、学生个性化与兴趣化、实用性与专业性更强的教育教学体系，促进教学计划、大纲、教材教案、教学手段等各方面的改革和创新，③ 进一步实现高等职业教育办学的多样化和开放性，提升其社会服务能力和质量。高等职业教育要为建立健全完善终身教育制度服务。高等职业教育与成人技术教育密不可分，加拿大社区学院大都保留了这一职能，它们所承担的对企业员工的培训、对“下岗”人员的培训、对社区中退休老人和外来移民的培训，都是对终身教育理念的坚守和成功实践，这为我国高等职业教育提供了范例。当今社会，科技发展迅速，技术变革日新月异，在这样一个瞬息万变的信息时代，新技术、新观念的不断涌现，对每一位劳动者的终身学习力提出更高的要求。如何培养出能够适应社会快节奏发展的高素质人才，终身教育体系的建设是教育现代化的必然要求。我国的职业教育目前也开启了面向全民终身教育的新时代，职业教育走向企业、走向社区、走向农村和老年大学等多样化的教育样态，极大地丰富了职业教育本身的体系建设，促进了高等职业教育多样化发展，引导人们树立终身学习理念，对社

---

① 李梦卿，陈竹萍.“双高计划”高职院校产教融合的实施维度与推进策略［J］. 现代教育管理，2022（1）：109-118.

② 李政. 谋高质量发展 为现代化奠基——我国职业教育“十三五”回顾与“十四五”展望［J］. 中国职业技术教育，2021（10）：5-10.

③ 赵春漫. 加拿大职业教育对我国高等职业教育的启示［C］《新课改教育理论探究》研讨会. 武汉：湖北长江报刊传媒（集团）有限公司，2020：39-40.

会教育改革起到积极作用，提高了我国可持续发展的内部驱动力。①

四、深化产教融合：探索高等职业教育多元治理模式

为了培养出适应迅速变化的社会与市场需求的人才，加拿大社区学院十分重视加强与企业界的协调互动。在加拿大，企业与社区学院的合作交流突出地表现在企业参与社区学院课程建设、与社区学院开展合作教育和研究等方面。在与企业的交流中，社区学院逐渐建立了一种适合于学校与企业共同进行设计和实施的人才培养途径、方式。此外，进入20世纪90年代，加拿大社区学院引入了第三方评估，以便更加准确、客观地反映社区学院教育教学的实际情况，并逐渐形成了由政府监督、院校自我评估、第三方评估等多家机构共同参与的评估机制。其中，第三方评估的引入进一步提升了评估结果的客观性，使社区学院的人才培养更具方向性。加拿大社区学院加强与企业联动，尝试多元评估治理模式，都为我国高等职业教育发展提供了宝贵经验。

深化产教融合是“新《职教法》”为我国职业教育发展指明的新道路、新方向，是职业教育办学的新模式，也是办好职业教育的关键所在。长期以来，产教融而不合、校企合作不深不实是我国职业教育发展的痛点、堵点，“企冷校热”现象比较普遍。“新《职教法》”以“产教融合”一词取代了原法中的“产教结合”，进一步明确多项举措，如发挥企业重要办学主体作用，推动企业深度参与职业教育，鼓励企业举办高质量职业教育；明确企业设置专职或者兼职实施职业教育的岗位。此外，“新《职教法》”还包含对深度参与产教融合、校企合作的企业的奖励、税费优惠等激励政策，真正从法律层面明确企业参与

---

① 胡晓娟. 增强适应性：职业教育第三方评估政策优化突破［J］. 中国职业技术教育，2021（34）：30-37.

不难、参与有利；明确了行业和企业支持职业教育高质量发展的社会责任，鼓励企业参与高质量职业教育，把企业开展职业教育的情况纳入企业社会责任报告。同时，要健全配套政策，让国有企业和集体所有制企业以及民营企业共同发力，大型企业和中小微企业全面参与到我国职业教育发展中来。

倡导产教融合，要实行政府主导、多元投资、整合资源、共建共用的策略，创新高等职业教育办学体制机制，探索多元治理模式。加强混合所有制改革，有利于整合高等职业教育院校和企业之间的优势资源，推进高职院校更好更快发展。高职院校要积极引入优势企业，充分了解市场对于各种人才的需求，精准发力，对缓解毕业生的就业压力和扩大招生规模起到积极的促进作用。校企之间的交流合作，很大程度上也有利于助推地区经济产业发展，通过加强与行业组织的联系，抽调产业学院骨干与行业资深人士共同进行区域产业发展情况调研，分析区域产业结构，深入研究区域产业的发展现状和未来趋势，能够增强产业学院发展规划和人才培养的前瞻性，建立健全专业设置随产业变化的动态调整机制，不断深化与本地区企业的技术改造更新的紧密连接，助推本地区产业高质量发展。①

加强混合所有制改革，能够更好地实现“校企”优势互补，企业能够享受学校的政策优惠，高职院校又发挥企业资源优势，开辟出一条政府统筹管理、社会多元办学新路径。构建多元治理体系，凝聚发展合力，健全配套机制，优化治理效能，探索研究出“党委领导、理事会决策、监事会监督、专家办学、教授治学”的新型多元治理模式。②

---

① 中华人民共和国职业教育法［EB/OL］．［2002-4-20］．http://www.moe.gov.cn/jyb_sjzl/sjzl_zcfg/zcfg_jyfl/202204/t20220421_620064.html.

② 中华人民共和国职业教育法［EB/OL］．［2002-4-20］．http://www.moe.gov.cn/jyb_sjzl/sjzl_zcfg/zcfg_jyfl/202204/t20220421_620064.html.

五、强化监督评估：提升高等职业教育培养质量

提高教育质量是确保教育体系高效发展的“生命线”。加拿大社区学院就是因在初始时期对教学质量的把控不够严格，对教学行为也缺乏政府监督与管理，导致社区学院的教学质量参差不齐。基于此，自20世纪90年代开始，加拿大很多省份开始设立专门管理社区学院事务的行政职能部门，开始加强对社区学院的培训计划和教学活动的影响和控制。

由各省政府设立专门负责教育及培训事务的行政职能部门，是加拿大加强对社区学院进行管理的重要举措之一。比如，安大略省增设“技能开发部”、不列颠哥伦比亚省增设“高等教育、培训和技术部”、新斯科舍省增设一名专门负责职业技术教育的副部长等。另外，各省还专门设立了质量监督机构，对社区学院教育教学水平、教学质量等内容进行行政性监管。比如，安大略省建立的“学院标准鉴定委员会”就是一个专门负责评估社区学院专业设置与课程制定的政府职能部门，对社区学院的教学质量进行定期检查和整体性评估，对其发展成果进行综合性评判。随着政府监管制度的不断发展、成熟，加拿大教育系统开始建立起一套相对客观且全面的评价体系，其指标体系也逐渐健全，不仅衡量社区学院的办学经济效益，还加入衡量社区学院社会效益的指标，进一步提升了评估的全面性与客观性，有效促进了社区学院教学质量的提升。①

教育评估具有重要的指引与导向性作用。我国以往职业教育评价存在重办学条件、轻育人成效，重技术技能、轻文化素养的倾向。

---

① 王成荣. 加拿大社区学院职业教育的特点与启示［J］. 北京财贸职业学院学报，2013，29（1）：4-7+18.

2020年，中共中央、国务院印发的《深化新时代教育评价改革总体方案》中明确指出，“要着力扭转不科学的教育评价导向，坚决克服‘五唯’的顽瘴痼疾”，为高等职业教育评价指明了方向。“新《职教法》”中也明确要求，要建立健全教育质量评价制度，突出就业导向，把受教育者的职业道德、技术技能水平、就业质量作为重要指标，吸纳行业组织、企业等参与评价，及时公开相关信息，接受教育督导和社会监督，引导职校培养高素质技术技能人才。为了这个共同的目的，需要有关各方共同努力，改进结果评价，强化过程评价，探索增值评价，健全综合评价，充分利用信息技术，建立彰显职业教育类型特征的质量评价体系，提高评价的科学性、专业性、客观性。①

做好高等职业教育评价改革工作，一是要统筹谋划，创新教育评价改革方式。要紧紧围绕立德树人根本任务，以破除“五唯”为导向，按照评价主体多元化、评价内容多维化、评价方式多样化、评价手段信息化、评价过程动态化原则，设计符合新时代要求、彰显高职院校办学特色的教育评价改革方案。二是要多措并举，推进高职院校教育评价改革实践。高职院校应当以《深化新时代教育评价改革总体方案》为指引，以满足自身实际要求、突显办学特色为旨，制定一系列政策性文件，激发教职工工作积极性，营造干事创业良好氛围。要做到坚持党建引领，落实立德树人根本任务；坚持师德师风建设，践行教书育人使命；树立科学成才观念，促进德智体美劳全面发展；树立正确用人导向，营造事业发展良好环境，最终提高育人质量。

推动高等职业教育发展要以评促建，以评促改。高职院校办学的根本目的在于育人，如何提高育人质量就成为我国建设现代化职业教育体系的重点和突出问题，因而，高职院校应当尽快建立健全教学质

---

① 中共中央，国务院. 深化新时代教育评价改革总体方案［EB/OL］.［2020-10-13］. http://www.gov.cn/xinwen/2020-10/13/content_5551032.htm.

量保证体系和教育评价改革机制，优化高职教育要素配置，特别要重视高职院校的教学评价。高职院校要建立专兼结合的教师队伍，夯实师资保障基础。加拿大社区学院师资队伍中，大部分都是兼职教师，比例甚至可以占到教师总数的80%以上。目前我国对于高职院校中的专业课教师专兼职比例要求为1∶1，兼职教师占职业学校专兼职教师总数的比例的30%，作为合格标准；① 但实际上我国仍有很多院校无法达标。在这种情况下，重构我国高职院校师资结构，着力培养一批有能力、有经验的企业兼职教师，或者是鼓励行业中的专家走入高职院校课堂，将实操的经验、专业的技能、最新的技术分享给学生，以培养学生的职业技术与实操能力，是高职院校教学评价的重要任务。

六、技术人才输出：提升高等职业教育人才供给水平

服务社会、服务大众，是现代化教育发展定位中的核心因素。在传统教育模式中，服务社会职能的首要承担者一直是传统大学。但值得注意的是，在短期高等教育登上历史舞台之前，传统大学的社会服务职能主要是以技术转移的方式实现的，其服务对象也集中在工农产业领域。“二战”之后，加拿大社区学院的发展为短期高等教育开启了探索之路，在社区教育、公民教育、终身教育等先进、科学的教育理念指导下，学院与社区之间建立起一种新的互动关系，为广大普通居民共享高等教育资源，提高全民教育水平创造了更加便利的条件。同时，也促进了现代高等教育的社会服务职能充分实现。

在加拿大，由于社区学院入学门槛和学费相对较低，加之其区域范围较广，也便于居民就近入学，因此吸引了大量本地家庭收入较低的适龄青年入学。此外，从经济角度来看，早期社区学院通过技术转

---

① 职业学校兼职教师管理办法（教师〔2012〕14号）[R]. 教育部，2012.

移的方式有效提高了所在地区的经济活力。社区学院往往根据所在地区的经济发展需要，组织开展与地方产业发展相适应的技术推广项目，通过创建青年创业团队、与企业签订技术推广合同、开设大学科技文凭和职业学士文凭实习课程与指导项目，对企业员工进行包括新技术、新设备、新工艺和软件技术的培训，与本地区的相关产业和部门建立起稳固的联系，这一联系在企业创建技术平台和日后运行过程中发挥着至关重要的作用。另外，加拿大社区学院还承担着社区教育的职能，它的课程规划与服务项目与社区文化传统、经济结构、生产实际紧密联系在一起，力求满足所服务社区、人群的教育需求。

加拿大社区学院最重要的功能和价值，就是与当地的经济、社会，尤其是与产业、与社区的和谐共生与融合。从诞生之初，就依凭与职业教育与工业经济的密切关系，为各个行业提供高素质的专业技术人员。这一坚持以工业为导向的办学方向，为社区学院的发展创造了良好机遇。同时，成功为社区产业培养专业人才，也极大地激发了社区学院的活力，教学中通过“双元制”的实施，使社区学院和企业都能积极地参与到专业技术人员的培训中来。社区学院按照企业的需求制定教学方案和培训标准，由企业提供实训场地、技术指导、先进设备以及资金支持。这种“校企合一”的办学模式已在发达国家的高校和职业院校中已经得到了相当广泛的应用。①

此外，在与社区发展实现共生融合方面，加拿大社区学院发展模式也取得令人瞩目的成就。实际上，从一定意义上讲，加拿大社区学院作为当地储备人力资源、开发和共享社区文化资源的“根据地”，为本社区居民提供继续教育和高中同等学力的预备课程以及外语和员工培训等项目，为学员打造职业计划，鼓励并倡导居民终身学习。同时，

---

① 王文槿. 终身职业教育和培训的体系——从卑诗理工学院的专业、课程看加拿大“职业教育超市”[J]. 中国职业技术教育，2003 (33)：29-31.

社区学院还“扩大了校园面积，同时向社会和居民开放，不仅提供全天候的开放型教室，同时还通过录播网络课程的形式来满足学生不同的学习时间和差异化的学习兴趣等多种需求”，由此，社区学院的认同感和归属感得到了很大的提升，也充分体现了其独特价值和强大魅力。①

从我国高等职业教育的发展来看，其发展质量最终决定于能否为经济和社会的发展提供及时、高效的人才支撑，这是高等职业教育价值的最直接体现。我国正处于中华民族伟大复兴的重要历史时期，正处于新一轮技术革命和供给侧经济结构改革的关键时期，为使我国高等职业教育彻底摆脱“看、等、要”的办学现状和办学心理，就要使高等职业院校与社会和产业发展时刻保持一致性、及时性。使其在灵活的培养方式和灵活的学习模式中得到充分的利用，②“加快发展重点行业急需的紧缺人才，加大应用型、复合型、技能型人才的培养力度，建立人才培养和供应需求调节机制，促使大学生的就业服务体系更加完备”③，以更高的质量、更全面的水平和人力资源及时有效的供给，来获得政府、企业和社会等多维度支持。在提升社会（社区）服务水平上，高职院校要改变过去重企业、轻社区，重技术支持、轻文化培养的倾向，主动融入所在社区，利用丰富的课程内容和“接地气”的教学模式，让大众直观感受到高等职业教育独有的魅力和独特的价值。这也是改变目前我国社会对高等职业教育的认识偏差，提升其认同程度的最基本、有效的途径。

---

① 罗先锋，黄芳. 普及化阶段的高等职业教育——美国的经验和中国的展望［J］. 中国高教研究，2016（8）：93-100.

② 朱文富，姜雪. 发达国家的短期高等教育：历史变迁、实践价值及其借鉴［J］. 中国高教研究，2018（11）：45-51.

③ 周建松. 系统论视角下的国家高等职业教育发展政策研究［J］. 中国高教研究，2014（4）：89-93.

参考文献

一、中文参考文献

（一）著作

[1] D. B. 约翰斯通．高等教育财政：问题与出路［M］．沈红，李红桃，译．北京：人民教育出版社，2004.

[2] 北京大学加拿大研究中心．加拿大研究［M］．北京：民族出版社，2004.

[3] 格兰·琼斯．加拿大高等教育：不同体系与不同视角（扩展版）［M］．林荣日，译．福州：福建教育出版社，2007.

[4] 侯建国．加拿大高等教育改革与发展［M］．北京：高等教育出版社，2006.

[5] 贺国庆．西方大学改革史略［M］．石家庄：河北教育出版社，2011.

[6] 贺国庆，朱文富，等．外国职业教育通史（下卷）［M］．北京：人民教育出版社，2014.

[7] 加拿大人力和移民部．职业岗位分类词典［M］．国家教委规划办公室，译．北京：高等教育出版社，2011.

[8] 简·哈钦斯．异域风情丛书：加拿大［M］．梁妍，等译．北京：中国水利水电出版社，2001.

[9] 李钟善. 加拿大教育研究 [M]. 西安：陕西师范大学出版社，1992.

[10] 蓝仁哲，等. 加拿大百科全书 [M]. 成都：四川辞书出版社，1998.

[11] 毛澹然. 美国社区学院 [M]. 北京：高等教育出版社，1989.

[12] 强海燕. 中、美、加、英四国基础教育研究 [M]. 北京：人民教育出版社，2005.

[13] 滕大春. 外国教育通史（第六卷）[M]. 济南：山东教育出版社，1994.

[14] 唐纳德·克赖顿. 加拿大近百年史（1867—1967 年）[M]. 山东大学翻译组，译. 济南：山东人民出版社，1972.

[15] 王仲达. 加拿大教育动态与研究（1996—1998）[M]. 北京：教育科学出版社，1999.

[16] 曾子达. 加拿大社区学院 [M]. 北京：北京大学出版社，1994.

[17] 朱文富，何振海. 外国短期高等教育史 [M]. 北京：人民出版社，2019.

（二）期刊论文

[1] 柏檀. 让高等教育质量迈向新高度——加拿大安大略省《高等教育质量回顾与研究报告》解读 [J]. 江苏高教，2011（5）：153-155.

[2] 柴旭东. 加拿大政府 1991—92 财政年度对中学后教育资助的分析 [J]. 高教与经济，1995（1）：57-61.

[3] 陈尊厚，侯建国. 论加拿大技能型人才培养经验及启示 [J]. 教育与职业，2005（33）：25-27.

[4] 程培英. 加拿大高等职业技术教育 [J]. 职业技术教育，2000

(25)：56-57.

［5］陈昌芸，刘振天. 我国高校分类管理政策的演变历程、多重逻辑及优化路径——审视《国家中长期教育改革和发展规划纲要（2010—2020年）》实施十年［J］. 江苏高教，2021（10）：35-45.

［6］曹晔. 经济社会发展中的现代职业教育体系建设［J］. 中国职业技术教育，2021（22）：5-12.

［7］邓泽民. 加拿大终身学习理念下职业教育与培训体系构建及启示［J］. 职教论坛，2019（1）：155-160.

［8］范国睿. 教育体制改革与教育生态活力——纪念《中共中央关于教育体制改革的决定》颁布30周年［J］. 教育发展研究，2015（19）：1-6.

［9］高志敏. 加拿大中学后教育发展的若干趋势［J］. 外国教育动态，1990（4）：13-16.

［10］高峰. 加拿大成人高等职业教育的新发展［J］. 吉林教育科学（高教研究），1995（5）：69-70.

［11］韩永宽. 加拿大不列颠哥伦比亚省是如何管理成人教育的［J］. 北京成人教育，1992（9）：28-30.

［12］洪成文. 加拿大教育质量保障的实践探索［J］. 比较教育研究，2001（9）：54-57.

［13］侯建国. 加拿大社区学院的特点及发展趋势［J］. 中国职业技术教育，2005（12）：38-39.

［14］河北省人民政府关于加快发展现代职业教育的实施意见［Z］. 冀政〔2014〕77号.

［15］黄复生，魏志慧. 高等教育的国际化和多样化——访加拿大高等教育知名学者格兰·琼斯教授［J］. 开放教育研究，2008，14（3）：4-8.

［16］黄日强. 加拿大企业参与社区学院职业教育研究［J］. 安徽

商贸职业技术学院学报，2012，11（3）：57-61.

[17] 黄日强. 行业协会在加拿大社区学院职业教育中的作用 [J]. 东华理工大学学报（社会科学版），2012，31（1）：52-57.

[18] 霍丽娟，唐振华，任锁平. 职业教育提质培优：全面施工与未来展望——全面启动实施提质培优行动计划综述 [J]. 中国职业技术教育，2021（18）：5-14.

[19] 胡晓娟. 增强适应性：职业教育第三方评估政策优化突破 [J]. 中国职业技术教育，2021（34）：30-37.

[20] 李岩，王亚萍. 加拿大职业教育质量管理及对我国的启示 [J]. 中国职业技术教育，2015（27）：46-50.

[21] 李术蕊. 学习贯彻十八届五中全会精神 加快建设现代职业教育体系——学习贯彻党的十八届五中全会精神座谈会在京召开 [J]. 中国职业技术教育，2015（34）：24-33.

[22] 罗先锋，黄芳. 普及化阶段的高等职业教育——美国的经验和中国的展望 [J]. 中国高教研究，2016（8）：93-100.

[23] 廖益，Patrick He. 加拿大高等职业教育有效衔接机制研究 [J]. 中国高教研究，2017（6）：95-99.

[24] 罗立祝. 构建职教高考制度的三个着力点 [J]. 职教论坛，2021（6）：53-56.

[25] 李政. 谋高质量发展 为现代化奠基——我国职业教育“十三五”回顾与“十四五”展望 [J]. 中国职业技术教育，2021（10）：5-10.

[26] 李梦卿，陈竹萍. “双高计划”高职院校产教融合的实施维度与推进策略 [J]. 现代教育管理，2022（1）：109-118.

[27] 林元旦. 经济全球化与高等教育国际化 [J]. 广西社会科学，2005（1）：184-186.

[28] 凌磊. 被赋予的多样性：我国“职教高考”制度的困境与出

路 [J]. 中国高教研究，2022 (1)：63-68.

[29] 马健生，郑一丹. 美国洛杉矶社区学院教师的任用、培训经验与启示 [J]. 外国教育研究，2004 (12)：27-31.

[30] 毛海英，曾青云. 中国高等职业教育转型与创业教育改革——基于《国务院关于加快发展现代职业教育的决定》的解读 [J]. 中国成人教育，2015 (11)：68-71.

[31] 潘海生，林晓雯. 新发展格局下职业教育的适应性发展 [J]. 职业技术教育，2021 (15)：15-20.

[32] 皮国萃. 加拿大社区学院行政管理体制研究 [J]. 重庆高教研究，2014，2 (3)：96-100.

[33] 朴雪涛. 加拿大高等教育改革的新动向 [J]. 外国教育研究，2002 (5)：61-64.

[34] 漆侠. 论历史研究的方法 [J]. 中国文化研究，2003 (4)：1-14.

[35] 邱懿，薛澜. 我国高等职业教育考试招生制度现状、问题与展望 [J]. 中国考试，2021 (5)：33-39+55.

[36] 王建初. 美国社区学院的师资队伍建设研究 [J]. 比较教育研究，2003 (3)：35-40.

[37] 王文槿. 终身职业教育和培训的体系——从卑诗理工学院的专业、课程看加拿大"职业教育超市" [J]. 中国职业技术教育，2003 (33)：29-31.

[38] 吴言荪，穆念红. 加拿大大学对国家创新战略的回应及其启示 [J]. 中国科技论坛，2008 (12)：129-133.

[39] 王成荣. 加拿大社区学院职业教育的特点与启示 [J]. 北京财贸职业学院学报，2013，29 (1)：4-7+18.

[40] 杨希文，周海涛. 加拿大中学后教育发展特点及其启示 [J]. 陕西教育学院学报，1998 (4)：20-24.

[41] 曾子达. 社区学院在加拿大教育体系中的地位与作用 [J]. 中国高教研究，1994 (3)：87-91.

[42] 曾子达. 加拿大社区学院的管理 [J]. 职教论坛，1994 (11)：38-39+43.

[43] 曾子达. 加拿大教育工作者对联邦政府的新预算感到高兴 [J]. 世界教育信息，1998 (9)：33-34.

[44] 张艳.《高职高专院校人才培养工作水平评估方案》的八大导向 [J]. 高教发展与评估，2005 (2)：22-24.

[45] 驻加拿大使馆教育处. 加拿大职业技术教育中行业协会的指导作用 [J]. 世界教育信息，2000 (8)：32-33.

[46] 周光礼. 加拿大的高等教育政策：历史与现状 [J]. 世界教育信息，2008 (7)：13-17.

[47] 中国教育发展战略学会学术部. 终身学习的进展、发展趋势和制度建设——上海国际终身学习论坛综述 [J]. 教育研究，2010，31 (10)：107-111.

[48] 张成涛，陈鹏. 加拿大成人职业教育的递演历程 [J]. 中国职业技术教育，2011 (9)：81-86.

[49] 张宇，肖凤翔. 高等职业教育服务社会的保障因素论析 [J]. 河北大学成人教育学院学报，2011，13 (3)：42-44.

[50] 张宁东，蓝洁. 加拿大社区学院少数族裔职业教育的实践及启示——基于阿尔伯塔省河谷学院的考察 [J]. 职业技术教育，2013，34 (14)：75-79.

[51] 周建松. 系统论视角下的国家高等职业教育发展政策研究 [J]. 中国高教研究，2014 (4)：89-93.

[52] 张睦楚. 高等教育大众化的加拿大经验及启示——以安大略省为例 [J]. 云南师范大学学报（哲学社会科学版），2017，49 (4)：109-117.

[53] 赵丽萍，曹美红. 建国后中职教育办学形式演进与走向的历史考察 [J]. 职教通讯，2017 (4)：58-64+77.

[54] 郑璐，高益民. 加拿大社区学院学士学位制度保障研究 [J]. 高教探索，2017 (5)：83-88.

[55] 朱文富，姜雪. 发达国家的短期高等教育：历史变迁、实践价值及其借鉴 [J]. 中国高教研究，2018 (11)：45-51.

[56] 张晓莉，饶从满. 21 世纪加拿大推进高等教育公平的宏观制度变革 [J]. 高等教育研究，2019，40 (1)：93-102.

[57] 郑卫东. 加拿大、德国、日本高校的人才战略及其启示与建议 [J]. 高等农业教育，2006 (1)：90-92.

[58] 赵春漫. 加拿大职业教育对我国高等职业教育的启示 [C]. 新课改教育理论探究，2020：39-40.

[59] 宫占奎. 石油危机与西方工业国的经济发展 [J]. 南开经济研究，1985 (5)：40-46.

[60] 吴纪先，赵德缜，马颖. 论八十年代的加拿大经济 [J]. 武汉大学学报 (社会科学版)，1986 (4)：3-9.

（三）学位论文

[1] 程倩. 加拿大高等教育中介组织职能探析 [D]. 保定：河北大学，2006.

[2] 侯建国. 二战后加拿大高等教育改革与发展研究 [D]. 保定：河北大学，2005.

[3] 吉莉莉. 加拿大社区学院高等职业技术教育研究——以乔治布朗学院 (George Brown College of Applied Art and Technology) 为个案 [D]. 北京：中央民族大学，2007.

[4] 马媛. 加拿大高等教育国际化研究 [D]. 石家庄：河北师范大学，2009.

[5] 穆晓莉. 加拿大高等教育政策发展研究——基于加拿大主要高等

教育政策文本的分析［D］. 上海：华东师范大学，2012.

［6］许建美. 教育政策与两党政治——英国中等教育综合化政策研究（1918—1979）［D］. 上海：华东师范大学，2004.

二、英文参考文献

（一）著作

［1］GREGOR A D. Higher Education in Canada［M］. Ottawa：Minister of Supply and Services Canada，1992.

［2］AMANDA C Q. Graduate Degrees Offered by College and Subject［M］. New York：Thomson，2003.

［3］JOHNSTON A D. The Maclean's Guide to Canadian Universities & Colleges 2001［M］. Toronto：Rogers Media，2001.

［4］JONES A，LI S X. The "Invisible" Sector：Private Higher Education in Canada［M］. Delhi：B. R. Publishing，2015.

［5］BURN B B. Burn. Higher Education in Nine Countries：A Comparative Study of Colleges and Universities Abroad［M］. New York：McGraw-Hill Book Company，1971.

［6］Canadian Association of University Business Officers. Financial Information of Universities and College 2000-2001［M］. Ottawa：Canadian Association of University Business Officers，2002.

［7］CREIGHTON D. Canada's First Century：1867-1967［M］. Toronto：MacMillan of Canada，1970.

［8］EASTON S T. Stephen. Education in Canada：An Analysis of Elementary，Secondary and Vocational Schooling［M］. Vancouver：Fraser Institute，1988.

［9］WEST E G. Higher Education in Canada：An Analysis［M］.

Vancouver:Fraser Institute,1988.

[10] HODGSON E D. Hodgson. Federal Involvement in Public Education[M]. Toronto:Canadian Education Association,1988.

[11] BENJAMIN E,BOURGEAULT G,MCGOVERN K. Governance & Accountability:The Report of the Independent Study Group on University Governance[M]. Ottawa:Canada Association of University Teachers,1993.

[12] Europa Publications. The World of Learning 2001 51st Edition [M]. London:Europa Publications,2000.

[13] Federal Department of Finance. Report on Expenditures,Income, and Other Socio-Economic Features of the Entire Post-Secondary Student Population in Canada, 1968-1969 [M]. Ottawa: Federal Department of Finance,1969.

[14] WATSON F. The Encyclopedia and Dictionary of Education[M]. London:Sir Isaac Pitman & Sons,LTD. ,1921.

[15] POSNER G J, RUDNITSKY A N. Course Design: A Guide to Curriculum Development for Teachers [M]. New York: Addison Wesley Longman Inc,2001.

[16] KURIAN G T. World Education Encyclopedia:Canada[M]. New York:Facts On File Publications,1988.

[17] JONES G A. Higher Education in Canada: Different Systems, Different Perspectives [M]. New York and London: Garland Publishing, 1997.

[18] CAMPBELL G. Community Colleges in Canada [M]. Toronto, New York and London:Ryerson Press,1971.

[19] MILLER H D R. The Management of Change in Universities: Universities,State and Economy in Australia,Canada and the United Kingdom [M]. Buckingham:The Society for Research in to Higher Education & Open

University Press, 1995.

[20] JOHNSON H. A History of Public Education in British Columbia [M]. Vancouver: University of British Columbia, 1964.

[21] HORRY I. Government Spending Facts Two [M]. Vancouver: The Fraser Institute, 1994: 59.

[22] Human Resources Development Canada. Knowledge Matters: Skills and Learning for Canadians [M]. Ottawa: Government of Canada, 2002.

[23] Human Resources Development Canada. Report of the 1997 National Survey of 1995 Graduates[M]. Ottawa: Minister of Public Works and Government Services Canada, 1999.

[24] DAWSON J. The Foundations of Adult Education in Canada[M]. Toronto: Thompson Educational, 1991.

[25] DENNISON J D, GALLAGHER P. Canada's Community Colleges: A Critical Analysis[M]. Vancouver: University of British Columbia Press, 1986.

[26] LEVIN J S. Globalizing the Community College[M]. New York: Saint Martin's Press Inc, 2001.

[27] THELIN J R. A History of American Higher Education[M]. Baltimore: Johns Hopkins University Press, 2004.

[28] IVANY J W, MANLEY-CASIMIR M E. Federal-Provincial Relations: Education Canada[M]. Toronto: OISE Press, 1981.

[29] EASTMAN J, LANG D. Mergers in Higher Education: Lessons from Theory and Experience[M]. Toronto: University of Toronto Press, 2001.

[30] NEWTON K, OSTRY S. The Structure and Evolution of Canadian Manpower Policy: An Overview[M]. London: Palgrave Macmillan, 1983.

[31]GAMERON M. More than an Academic Question: Universities, Government and Public Policy in Canada[M]. Halifax: Institute for Research on Public Policy, 1991.

[32] FISHER M P. Living Religion Third Edition[M]. Upper Saddle River: Prentice Hall, 1997.

[33] ZUR-MUEHLEN M. Past and Present Graduation Trends at Canadian Universities and Implications for the Eighties, with Special Emphasis on Women and on Science Graduates[M]. Ottawa: Statistics Canada, 1982.

[34] McGill University. Faculty of Education: Undergraduate Handbook for New Students 2003-2004[M]. Montreal: McGill University, 2003.

[35] McGill University. Handbook of Regulations and Policies for Academic and Librarian Staff[M]. Montreal: McGill University, 2001.

[36] HORN M. Academic Freedom in Canada: A History[M]. Toronto: University of Toronto Press, 1999.

[37] Minister of Industry. A Report on Adult Education and Training in Canada: Learning a Living[M]. Ottawa: Statistics Canada, 2001.

[38] ALTBACH P G. International Higher Education: An Encyclopedia [M]. New York: Garland Publishing, 1991.

[39] FINNIE R, USHER A. Measuring the Quality of Post-secondary Education: Concepts, Current Practices and a Strategic Plan[M]. Ottawa: Canadian Policy Research Networks Inc., 2015.

[40] HARRIS R S. A History of Higher Education in Canada: 1663-1960[M]. Toronto: University of Toronto Press, 1976.

[41] MARLOW-FERGUSON R. World Education Encyclopedia: A Survey of Educational Systems Worldwide Second Edition[M]. Farmington Hills: Gale Group, 2002.

[42] BOTHWELL R. Canada and the United States The Politics of

Partnership[M]. New York: Twayne Publishers, 1992.

[43] DAVIDSON R. Trends: The Canadian University in Profile[M]. AUCC, 1996.

[44] SEE S W. The History of Canada[M]. London: Greenwood Press, 2001.

[45] Secretary of State of Canada. Support to Education by the Government of Canada[M]. Ottawa: Secretary of State of Canada, 1984.

[46] Statistics Canada. Education Indicators in Canada: Report of the Pan-Canadian Education Indicators Program 1999 [M]. Ottawa: Statistics Canada, 2000.

[47] Statistics Canada. Financial Statistics of Universities and Colleges 1998-1999[M]. Ottawa: Statistics Canada, 2000.

[48] POSKANZER S G. Higher Education Law: The Faculty [M]. Baltimore and London: The Johns Hopkins University Press, 2002.

[49] The Association of Universities and Colleges of Canada. Trends in Higher Education: Volume 1-Enrolment [M]. Ottawa: The Association of Universities and Colleges of Canada, 2007.

[50] Association of Universities and Colleges of Canada. Trends in Higher Education: Volume 2. Faculty [M]. Ottawa: The Association of Universities and Colleges of Canada, 2007.

[51] Wilbert J. McKeachie. McKeachie's Teaching Tips[M]. Houghton: Mifflin Company, 2002.

[52] Saskatchewan Department of Education. Report of the Minister's Advisory Committee on Community Colleges [M]. Regina: Department of Continuing Education, 1972.

[53] GUSTON D H, KENISTON K. The Fragile Contract: University Science and the Federal Government [M]. Cambridge, Mass.: The MIT

Press,1994.

(二) 学术论文

[1] DECORE A M, PANNU R S. Pannu. Educational Financing in Canada 1970-71 to 1984-85:Who Calls the Tune,Who Pays the Piper? [J]. The Canadian Journal of Higher Education,1986,16(2):27-49.

[2] HAYNES B. Globalisation and its Consequences for Scholarship in Philosophy of Education[J]. Educational Philosophy and Theory,2002,34(1):103-114.

[3] BOUDARBAT B. Field of Study Choice by Community College Students in Canada[J]. Economics of Education Review,2008,27(1):79-93.

[4] Brawer,B. Florence. The American Community College[J]. H-Grad, H-Review,1997(1):77.

[5] HANSON C M. Globalizing the Community College:Strategies for Change in the Twenty-First Century (review)[J]. The Journal of Higher Education,2003,74(3):357-359.

[6] Conseil des Colleges. College Education: Priorities for Renewal [R]. Report on the Status and the Needs of College Education,Quebec City, Quebec,Canada:government du Quebec. 1992.

[7] CAMERON D M. More Than an Academic Question:Universities, Government,and Public Policy in Canada[J]. Canadian Public Policy,1991(1):7-10.

[8] MARSHALL D. Degree Accreditation in Canada[J]. The Canadian Journal of Higher Education,2004,34(2):69-96.

[9] WANG F. Educational Equity in the Access to Post-Secondary Education:A Comparison of Ethnic Minorities in China with Aboriginals in Canada[J]. Interchange,2013,44(1):45-62.

[10] JONES G A,YOUNG S J. “Madly off in All Directions”:Higher

Education, Marketisation and Canadian Federalism[J]. Markets in Higher Education, 2004(1): 21-25.

[11] JONES G A. Faculty Development Structures and Activities in Ontario's Colleges of Applied Arts and Technology [J]. The Canadian Journal of Higher Education, 1995, 25(1): 41-61.

[12] JONES G A. Governments, Governance, and Canadian Universities [J]. Higher Education: Handbook of Theory and Research, New York: Agathon Press, 1996(11): 22-25.

[13] BUCHBINDER H. The Market Oriented University and the Changing Role of Knowledge[J]. Higher Education, 1993, 26(3): 331-347.

[14] DENNISON J D. The Canadian Community College in the Eighties—Strategies for Survival[J]. Change Strategies, 1982(8): 28.

[15] DENNISON J D. The Case for Democratic Governance in Canada's Community Colleges[J]. Interchange, 1994, 25(1): 25-37.

[16] DENNISON J D. From Community College to University: A Personal Commentary on the Evolution of an Institution[J]. Canadian Journal of Higher Education, 2006, 36(2): 107-124.

[17] WILSON J D, STAMP R M, AUDET L P. Canadian Education: A History[J]. British Journal of Educational Studies, 1972(1): 44-45.

[18] LEVIN J S. Missions and Structures: Bringing Clarity to Perceptions about Globalization and Higher Education in Canada[J], Higher Education, 1999, 37(4): 377-399.

[19] LEVIN J S. The Revised Institution: The Community College Mission at the End of the Twentieth Century [J]. Community College Review, 2000, 28(2): 1-26.

[20] PHANEUF L P. Report of the Royal Commission on Education in the Province of Quebec—Possible Effects on Veterinary Teaching[J]. The

Canadian Veterinary Journal,1965,6(6):143-146.

[21] DUPERRE M. Global Development of the Two-year College Concept[J]. Higher Education,1974(3):315-330.

[22] SKOLNIK M L. Evolution of Relations between Community Colleges and Universities in Ontario[J]. Community College Journal of Research & Practice,1995,19(5):437-451.

[23] SKOLNIK M L. Lipset's Continental Divide and the Ideological Basis for Differences in Higher Education between Canada and United States[J]. The Canadian Journal of Higher Education,1990,20(2):81-93.

[24] AYLWARD M L,BRUCE C. Inclusive Post-Secondary Education in Canada: Transition to Somewhere for Students with Intellectual Disabilities [J]. The Journal of the International Association of Special Education, 2012,15(2):42-47.

[25] MCMORDIE M,BRUNEAU W,SAVAGE D C. Savage. Counting Out the Scholars: How Performance Indicators Undermine Universities and Colleges[J]. History of Intellectual Culture,2004(1):104-107.

[26] TROW M. The Expansion and Transformation of Higher Education [J]. International Review of Education,1972,18(1):61-84.

[27] GAVIRIA P. Indigenous Rights and Advanced Capitalism in Community Colleges: The Case of Nunavut Arctic College[J]. Community Colleges Worldwide: Investigating the Global Phenomenon, 2012(17): 99-128.

[28] GALLAGHER P. Canada's Community Colleges, the Next Five Years[J]. Change Strategies,1987:11.

[29] GALLAGHER P. Canada's Community College Systems: A Study of Diversity[J]. Community College Journal of Research & Practice,1995, 19(5):381-393.

[30] GALLAGHER P, DAY W L. Community Colleges and Lifelong Learning: Canadian Experiences[J]. Springer International Handbooks of Education, 2001(6): 645-662.

[31] JOHNSON W G. Cutting the Pattern to Fit the Cloth: Access to Post-secondary Education[J]. Canadian Public Administration, 1984, 27(1): 102-109.

(三) 机构网站

[1] 阿尔伯塔省教育部网站

https://www.alberta.ca/ministry-education.aspx

[2] 爱德华王子岛教育部网站

https://www.princeedwardisland.ca/en/topic/education

[3] 安大略省教育部网站

https://www.ontario.ca/page/ministry-education

[4] 不列颠哥伦比亚省教育部网站

https://www2.gov.bc.ca/gov/content/governments/organizational-structure/ministries-organizations/ministries/education

[5] 加拿大统计局网站

https://www.statcan.gc.ca/eng/start

[6] 魁北克省教育部网站

http://www.education.gouv.qc.ca/en/ministere-de-leducation-et-de-lenseignement-superieur/

[7] 曼尼托巴省教育部网站

https://www.edu.gov.mb.ca

[8] 纽芬兰与拉布拉多省教育部网站

https://www.gov.nl.ca/education-and-training/

[9] 萨斯喀彻温省教育部网站

https://www.saskatchewan.ca/government/government-structure/

ministries/education
[10] 西北地区教育部网站
https://www.ece.gov.nt.ca/en
[11] 新不伦瑞克省教育部网站
https://www2.gnb.ca/content/gnb/en/gateways/about_nb/education.html
[12] 新斯科舍省教育部网站
https://www.ednet.ns.ca
[13] 育空地区教育部网站
http://www.education.gov.yk.ca